Ismael Leandry-Vega

I0462818

Religión, el enemigo número uno de la libertad de expresión

Editorial Espacio Creativo

Scotts Valley, California

Publisher: *Editorial Espacio Creativo*

Scotts Valley, California

ISBN: 1449982689

EAN-13: 9781449982683

Derechos de propiedad: Ismael Leandry Vega

Copyright: © 2010 Ismael Leandry Vega

Standard Copyright License

<u>Datos para catalogación</u>:

Ismael Leandry-Vega

Religión, el enemigo número uno de la libertad de expresión

Editorial Espacio Creativo. 2010. Scotts Valley, California

1. Derecho
2. Derecho Constitucional
3. Estudios religiosos
4. Filosofía del Derecho
5. Libertad de expresión
6. Persecuciones religiosas

Tabla de Contenido

Agradecimiento

Estamos sumamente agradecidos de la profesora argentina Marcela Gómez, ya que se tomó la molestia de corregir este libro.

Dedicatoria

Este libro está dedicado a todos los periodistas, escritores, editores, traductores, artistas, cantantes, profesores y actores que, por motivaciones religiosas, han sido o serán discriminados, perseguidos, enjuiciados, multados, mutilados, encarcelados y asesinados.

Introducción

Todas las religiones son malvadas, discriminantes, intolerantes, estúpidas y embrutecedoras de los pensamientos. Además de eso, todas las religiones están en contra de que en el mundo: a) exista una libertad de expresión y de pensamiento plena; b) se eliminen todas las discriminaciones innecesarias por razón de religión y por razón de sexo. No obstante lo anterior, valga saber que lo único que varía entre las religiones es el grado de energía que invierten para realizar acciones como las antes señaladas.

Pero eso no es todo, valga saber que todas las religiones, como dice la escritora y periodista **Taslima Nasrin**, «envuelven a las personas con el miedo... no les permite que ejerciten su derecho a tomar decisiones.»[i] Y ésas son unas gravísimas características, puesto que, si profundizamos intelectualmente, notaremos que las religiones lo que desean es controlar todos los aspectos de la vida (sexuales, sociales, familiares, entre otros aspectos) con los miedos religiosos. Así, por ejemplo, las religiones quieren controlar desde cómo usted chinga con su pareja consensual, hasta cómo usted se expresa en torno a temas socialmente catalogados como sensitivos.

Además de eso, no podemos perder de vista que todas las religiones están llenas de pendejos, de cabrones y de tontos que se han autoproclamado censores sociales. Y eso les ha llevado a creer que, por motivaciones religiosas, pueden censurar libros, obras de artes, cátedras, canciones, manifestaciones públicas y artículos periodísticos. Es decir, los religiosos se han creído que ellos tienen, por mandato divino, el deber de censurar las distintas manifestaciones de la libertad de expresión y de pensamiento.

Además de lo anterior, tampoco podemos perder de vista que todas las religiones, en mayor o menor grado, obstaculizan el libre debate de ideas y opiniones. Lo que es, por decir lo menos: a) contrario al deseo democrático de vida; b) un atentado en contra de la democracia. La razón por la cual decimos lo anterior es, principalmente, porque, «cuando se obstaculiza el libre debate de ideas y opiniones se limita la libertad de expresión y el efectivo desarrollo del proceso democrático.»[ii]

Y de eso es que se trata este pequeño libro. El librito va dirigido a demostrar cómo las religiones, especialmente el Cristianismo, el Judaísmo y el Mahometismo, han censurado las distintas manifestaciones de la libertad de expresión y de pensamiento.

El libro también va encaminado a "re"-demostrar que los censores religiosos son unos tontos y unos pendejos que deben ser combatidos por todos los seres racionales y amantes de la libertad de expresión.

Ahora bien, le advertimos lo siguiente: si usted, mientras va leyendo este pequeño libro, duda que los censores religiosos son unos tontos, le recomendamos que se haga la pregunta que lanzó al aire el dictador español *Francisco Franco Bahamonde*. Valga saber que dicha pregunta es la siguiente: « ¿Es que ha visto usted algún censor que no sea tonto?»[iii]

Por último, es importante señalar que el libro está lleno de ejemplos; y eso lo hemos hecho con toda la intención intelectual. Toda vez que es bien sabido que la compresión de ideas y temas es más fácil a través de múltiples ejemplos. Es como dice el estadista inglés *Charles James Fox*, «Los ejemplos son diez veces más útiles que los preceptos».[iv]

Capítulo uno
Libertad de expresión

De entrada, es obligatorio señalar que «la libre comunicación de los pensamientos y las opiniones es uno de los derechos más preciados por el hombre.»[v] Y ello, por razón de que la libre manifestación de ideas y opiniones les permite a las personas hacer notar, de cierta manera, su existencia dentro de este pequeño, insignificante y contaminado planetita. Cabe señalar que esa manifestación de pensamientos y opiniones se puede realizar de diferentes maneras, a saber, a través de escritos, gestos, representaciones visibles y manifestaciones orales.

Hoy en día, después de haber derramado toneladas de sangre, la humanidad reconoce que «toda persona tiene derecho a comunicar sus opiniones por cualquier medio y forma.»[vi] Eso significa, por ejemplo, que el Derecho le permite a las personas poder comunicar sus ideas a través: (1) de su voz; (2) de libros y panfletos; (3) de papeles; (4) de dibujos; (5) de sus cuerpos; (6) de medios electrónicos, como la Internet.

Habiendo dicho eso, valga saber que ese derecho que tiene toda persona de comunicar sus ideas y opiniones a través de cualquier medio se le conoce en el mundo jurídico como la **libertad de expresión**. Y esa libertad de expresión, «en todas sus formas y manifestaciones, es un derecho fundamental e inalienable, inherente a todas las personas.»[vii]

Ahora bien, si profundizamos intelectualmente sobre la libertad de expresión, veremos que es un derecho que va encaminado a proteger a las personas que disienten y que critican, especialmente a aquellas que disienten con las opiniones mayoritarias y que critican a los poderosos y al Estado. De cierta manera, podemos decir que el derecho a la libertad de expresión va dirigido a legalizar la crítica y la disidencia.

Y si continuamos profundizando intelectualmente, nos percataremos de que este importantísimo derecho garantiza lo que una vez nos dijo **George Orwell**. Según este afamado escritor, «la libertad de expresión es decir lo que la gente no quiere oír.»[viii] Y eso es bien importante, ya que la mayoría de las personas se molestan y/o se incomodan: (1) cuando se les critica; (2) cuando se mofan de ellas; (3) cuando se les hacen expresiones contrarias a sus creencias e ideas; (4) cuando se critican sus creencias religiosas, políticas y/o socioeconómicas.

Inclusive, hay (y ha habido) personas que odian (y han odiado) tanto la libertad de expresión: (1) que asesinan, arrestan, encarcelan, agreden y/o difaman a los que critican sus creencias religiosas y políticas; (2) que han hecho todo lo posible para que se penalicen las expresiones que critiquen o se mofen de las religiones y/o de los inexistentes dioses.

De hecho, podemos decir sin temor a la exageración que la libertad de expresión es algo raro dentro de la historia de la humanidad. Son millones los casos dentro de la corta historia de la humanidad en los que se han criticado, perseguido, discriminado, encarcelado, azotado (con látigos) y asesinado a las personas por haber realizado ciertas manifestaciones públicas. Por eso es que estamos de acuerdo con el senador romano **Cornelio Tácito** cuando manifestó que «raros son esos tiempos felices en los que se puede pensar lo que se quiere, y decir lo que se piensa.»[ix]

Inclusive, todavía en estos tiempos podemos ver cómo se penalizan severamente: (a) las expresiones de ideas contrarias a las de la mayoría; (b) las críticas y las mofas hacia las religiones y hacia los líderes gubernamentales de elevada categoría. Sobre esto que estamos discutiendo, entendemos prudente plasmar dos ejemplos contemporáneos. El primero de ellos proviene de Pakistán.

Allí, el Código Penal establece que toda persona que insulte a la inexistente cosa esa llamada Alá y al asesino de Mahona con palabras, escritos, gestos, representaciones visibles y/o con insinuaciones directas o indirectas será severamente castigada. Eso significa, por ejemplo, que si en una plaza pública del país antes indicado yo digo a viva voz que Mahoma fue un cabrón y un asesino, indudablemente seré arrestado y encarcelado.[x]

El segundo ejemplo sobre un ataque a la libertad de expresión proviene de Venezuela; allí, el Hon. Hugo Chávez, Presidente de Venezuela, ordenó cerrar varias estaciones de radio, particularmente aquéllas que tenían una fuerte línea editorial en contra del gobierno y de sus políticas.[xi]

Habiendo dicho eso, tenemos que decir que el derecho a la libertad de expresión y de pensamiento es, después del derecho a la vida, el más importante que tiene toda persona. Ello, debido a que la libertad de expresión es el derecho que permite ejercer otros derechos humanos y estatutarios que poseen los sujetos. Si no existiera la libertad de expresión, no existiría la libertad de cátedra en las escuelas y en las instituciones de educación superior. Tampoco existiría la libertad de culto, la libertad de poder asociarse libremente con fines pacíficos o el derecho a pedirle al gobierno la reparación de agravios, entre muchos otros.

En fin, siempre debe tenerse más que claro que el derecho a la libertad de expresión es --como dijo una vez el *Hon. Benjamín Cardozo, Juez Presidente de la Corte Suprema de los Estados Unidos de América*-- «La matriz (...), la condición indispensable de casi todas las demás libertades.»[xii]

Ahora bien, es importante hacer una advertencia: ningún gobierno le otorga a las personas el derecho a la libertad de expresión, pues ella es parte de cada ser humano. Dicho de otra manera, la libertad de expresión nace con cada ser humano que llega al mundo, y se mantiene con él hasta el momento de su muerte.

Aunque, en ocasiones, el derecho a la libertad de expresión se mantiene aún tras la muerte de una persona. Eso ocurre en los casos de seres excepcionales que han escrito libros o han creado obras artísticas (música, películas, cuadros, esculturas, entre otras obras).

Como todos sabemos, esas creaciones se mantienen circulando por nuestro insignificante planeta aún después de sus muertes. Eso significa que, más allá de la muerte de sus creadores, las obras --que son expresiones de sus intelectos superiores-- tienen el derecho de ser publicadas y expuestas sin restricciones.

Así, por ejemplo, todos sabemos que Voltaire murió hace varios siglos. Sin embargo, sus magníficos escritos, que todavía tienen vigencia en estos tiempos, tienen el derecho de ser publicados, vendidos y protegidos.

Capítulo dos
La correcta libertad de expresión

Por otro lado, ya hemos visto que el derecho a la libertad de expresión consiste, en apretada síntesis, en «el derecho del individuo a exponer sus pensamientos y opiniones por medio de la palabra, por escrito o cualquier otro medio de reproducción sin cortapisas, instrucciones, consignas, autorizaciones previas o censura por parte de la autoridad.»[xiii]

Lo anterior significa, que el sagrado derecho a la libertad de expresión les otorga a las personas el poder para decir lo que les venga en gana. Así, pueden expresar verdades, embustes y, sobre todo, pueden manipular la verdad. Todo eso es parte de la libertad de expresión. Ahora bien, eso no significa que las personas que digan embustes sobre otras personas no sufran consecuencias legales. Todos sabemos que mentir sobre la reputación de una persona se cataloga como difamación, un delito penalizado por el Derecho Penal.

Y con eso nosotros no tenemos ningún tipo de problema, la reputación de alguien debe ser protegida a toda costa. Si se va hablar mal sobre una persona natural o jurídica, lo ideal es tener las evidencias a la mano, pues la verdad, aunque sea capaz de dañar reputaciones, no está (o no debe estar) sujeta a penalizaciones.

Por consiguiente, debe quedar más que claro que la libertad de expresión no protege a aquellos que hagan manifestaciones «vejatorias contra una persona o institución, o que supongan una intromisión ilegítima en la intimidad de las personas (…), tampoco la difusión de ideas que constituyan apología del terrorismo (…)».[xiv]

Los individuos que hagan manifestaciones como ésas están sujetos: (a) a ser castigados por el derecho penal; (b) a ser demandados en los tribunales.

Ahora bien, nos sentimos horrorizados al saber que en muchas partes del mundo se castiga con multas o con cárcel a todas aquellas personas que contradigan la verdad histórica oficial. O sea, en esos países los gobiernos han establecido a través de legislaciones: (a) qué es verdad histórica y qué no es verdad histórica; (b) que manifestar informaciones que sean contrarias a la historia oficial es delito.

Para poder entender esto de una mejor manera, creemos prudente manifestar varios ejemplos. El primero de ellos se relaciona con el Imperio Turco Otomano. Como todos sabemos, dentro de su territorio ocurrió un horripilante genocidio por parte de los turcos hacia los armenios. Los turcos asesinaron cerca de un millón y medio de almas por el simple hecho de ser armenios. [xv]

Pues bien, los turcos se sienten abochornados por ese hecho, y han tratado por todos los medios posibles de ocultar ese dato histórico. Para hacerlo, han aprobado leyes que le prohíben a toda persona indicar lo anterior, ya sea a través de su voz o de cualquier medio. Es bueno saber esto porque ese desquiciado ataque a la libertad de expresión ha ocasionado, por sorprendente que parezca, que se hayan «llevado a los tribunales…a varios periodistas e intelectuales, entre ellos al Premio Nobel, el novelista Orhan Pamuk».[xvi]

Otro ejemplo proviene de Alemania; allí, como todos sabemos, los Nazis asesinaron cerca de seis millones de judíos por el simple hecho de ser judíos. Luego de un tiempo de haber culminado la II Guerra Mundial, el gobierno de Alemania aprobó una ley que prohibía negar el Holocausto. En la actualidad, «negar el Holocausto es un delito según el código penal alemán, y se castiga con hasta cinco años de prisión».[xvii]

Otro ejemplo sobre lo anterior proviene de Austria. Allí, en 1992, se aprobó una ley que establece que se le impondrá una pena de hasta diez años de cárcel a toda persona que «niega, minimiza de manera grosera, aprueba o trata de disculpar el genocidio Nacional Socialista u otros crímenes del Nacional Socialismo contra la humanidad en una publicación impresa, en transmisiones, o en otros medios periodísticos».[xviii]

Valga saber que ese ataque austriaco en contra de la libertad de expresión ha ocasionado que, desde 1998 a 2004, se hayan castigado a unas ciento cincuenta y ocho personas. Y una de las víctimas más reciente fue el escritor británico David Irving; ese afamado escritor fue condenado a tres años de cárcel por haber cometido el delito antes indicado.[xix]

No hay duda de que lo anterior son unas acciones legales muy alarmantes y preocupantes. Esas normativas jurídicas intimidan a las personas y les coartan su derecho a la libertad de expresión. Además de eso, lo anterior crea una carga muy pesada para el mundo académico y para los escritores, ya que ni tan siquiera pueden escribir una novela de ficción que tenga pasajes que contradigan lo anterior.

Pero eso no es todo, valga saber que aprobar leyes como esas puede ocasionar que, dentro de la evolución del Derecho, se aprueben leyes para otorgarle al gobierno la facultad para determinar la verdad histórica sobre otros eventos o sobre otras personas. Así, por ejemplo, podría darse el caso de que algún gobierno apruebe una ley que castigue a toda aquella persona que manifieste en una publicación impresa, en una transmisión radial, en un programa televisivo y/o en un medio periodístico, que los cabrones cristianos que colonizaron al dizque Nuevo Mundo, se dedicaron a masacrar a los aborígenes con gusto y gana.

Inclusive, también podría darse el caso de que algún gobierno apruebe una ley que castigue a toda aquella persona que niegue en una publicación impresa, en transmisiones, o en otros medios periodísticos la existencia histórica del clavado Jesucristo de la cristiandad, y ello, a pesar de que hay toneladas de evidencias que indican que el clavado Jesucristo de la cristiandad nunca existió.

En definitiva, los gobiernos nunca deben aprobar leyes como las que hemos descrito, ya que interfieren de manera monstruosa con la libertad de expresión y con la libertad de cátedra que debe imperar en las sociedades y en todas las instituciones de educación. Por eso es que estamos de acuerdo con el maestro *Mario Vargas Llosa* cuando manifiesta que:

> «Hay un riesgo muy grande para la libertad intelectual -para la cultura- y para la libertad política, en reconocer a los gobiernos o parlamentos la facultad de determinar la verdad histórica, castigando como delincuentes a quienes se atrevan a impugnarla».[xx]

Por otro lado, no podemos perder de vista que en algunos países, cuando se interactúa socialmente, hay que manifestar los pensamientos de una forma socialmente correcta, es decir, de una forma que le agrade al populacho. Y ello, debido a que el populacho también ha establecido severas sanciones sociales por manifestar los pensamientos de formas no agradables.

Inclusive, en algunos países es necesario, si es que se quiere tener una vida larga y saludable, manifestar los pensamientos religiosos que tengamos de manera religiosamente correcta. Pues, de lo contrario, nos exponemos a ser asesinados, mutilados, agredidos, discriminados, humillados públicamente y/o multados. Así, en los algunos países no se puede decir que uno lleva adelante ciertas prácticas religiosas, pues nos ocurrirían incidentes como los antes indicados.

Pero eso no es lo más atroz, lo más atroz es que en muchísimos hogares mahometanos alrededor del mundo, hay jovencitas que no pueden decirles a sus familiares que están enamoradas de un cristiano, de un judío o de un ateo. Pues, aunque parezca sorprendente, tienen altas probabilidades de ser golpeadas, mutiladas, insultadas, asesinadas y/o desamparadas.

Esto nos trae a la mente lo que ocurre en algunos poblados de la India. Allí, es muy peligroso decir que uno practica la brujería o que a uno le agrada la brujería, toda vez que muchas personas que han dicho lo anterior han sido insultadas, mutiladas, asesinadas o agredidas por ello. Y para que usted vea el desquicie religioso que hay en algunas partes de la India, valga saber que en los últimos años: (a) cerca de quinientos brujos(as) han sido asesinados(as) en la zona de Assam; (b) cerca de doscientos cincuenta brujos(as) han sido asesinados(as) en la zona de Bengal Occidental.[xxi]

Otro caso que nos viene a la mente fue uno que tuvo lugar en Italia; allí, un cabrón que practicaba el violento, machista y pendejo islamismo mató a su hija de dieciocho años de edad, porque ésta última se había enamorado de un cristiano. Valga saber que «las causas del asesinato fueron religiosas y culturales, ya que los padres…consideraban una traición al Islam y una deshonra para la familia que la joven tuviera un novio católico.»[xxii]

Ismael Leandry Vega

Capítulo tres
Censura religiosa a la libertad de expresión

I. Religión, el enemigo número uno de la libertad de expresión y de pensamiento

Llegados a este punto de la discusión, tenemos que decir que el peor enemigo que tiene y ha tenido la libertad de expresión es la religión. Desde censuras hasta asesinatos de escritores y músicos, los creyentes les han asestado duros golpes a la libertad de expresión. Por eso es correcto decir que «durante siglos, la razón humana ha sido amordazada por la intolerancia y el fanatismo religioso.»[xxiii]

Ahora bien, hay que advertir que de todas las religiones que hay en el mundo, las que más han cometido actos cabrones en contra de la libertad de expresión a través de la corta historia de la humanidad han sido las siguientes: el cristianismo, el judaísmo y el mahometismo. Y en lo tocante al cristianismo, todos sabemos que el grupo religioso que más daño le ha causado a la razón humana ha sido el católico.

Unido a esto último, valga saber que la historia nos ha demostrado más allá de duda razonable que, durante siglos, «se ha perseguido y aniquilado a librepensadores, hombres de ciencia, estudiosos, escépticos o adeptos a otras religiones que no fueran la católica.»[xxiv]

Habiendo dicho eso, valga saber que en estos tiempos de la modernidad, seguimos viendo actos religiosos en contra de la libertad de expresión. Y un buen ejemplo de esto proviene de Turquía. Allí, los fundamentalistas religiosos que pertenecen al sistema de justicia criminal lograron acusar (en 2009) al escritor turco-francés Nedim Gursel, por haber escrito una novela que insultada al violento, discriminante y machista Islam.[xxv]

Además de lo anterior, valga saber que todas las religiones siempre han estado en contra de la libertad de expresión porque esa libertad se ha utilizado, entre otros asuntos: (1) para criticar las prácticas religiosas, especialmente las más pendejas y cabronas; (2) para criticar a los líderes religiosos; (3) para denunciar las atrocidades, los discrímenes y los delitos de lesa humanidad que se han cometido en el nombre de la religión; (4) para exponer los embustes de las religiones.

Galileo ante la cabrona Inquisición

Cabe señalar, además, que el odio religioso hacia la libertad de expresión siempre ha sido tan enorme que, muchísimos creyentes (incluyendo muchísimos líderes religiosos) no han dudado en cometer actos desagradables (incluyendo asesinatos, persecuciones y encarcelamientos) en contra de personas que, valientemente, han criticado sus prácticas religiosas (las de los creyentes) a través de manifestaciones orales, publicaciones impresas, transmisiones televisivas y/o transmisiones radiales.

Ahora bien, es justo señalar que los líderes religiosos, en su mayoría, sólo han estado en contra de todas aquellas manifestaciones protegidas por la libertad de expresión que critiquen o se mofen: (a) de sus líderes religiosos; (b) de las opiniones de los líderes religiosos más famosos; (c) de los estilos de vida establecidos en los libros de cuentos de hadas sagrados; (d) de sus prácticas religiosas; (e) de sus inexistentes dioses y de sus libros de cuentos de hadas sagrados.

Llegados a este punto de la discusión, entendemos prudente hacer un paréntesis para realizar dos observaciones importantes. La primera de ellas es la siguiente: la mayoría de los religiosos, mientras piden que se les garantice su derecho a la libertad de expresión para poder criticar los estilos de vida de la sociedad, les piden a los gobernantes y a los jueces que la libertad de expresión que tienen los ciudadanos para criticar a las religiones y a los líderes religiosos sea eliminada, penalizada o, por lo menos, severamente regulada.

Por otro lado, la segunda observación es la siguiente: la inmensa mayoría de las religiones, que son absolutistas y autoritarias, no sólo se han opuesto a que la humanidad goce de una plena libertad de expresión, sino también a que la humanidad goce de derechos que garanticen la igualdad. Y como ejemplo de esto, podemos mencionar lo que ocurrió en 1789. Durante ese año, el **papa Pío VI** escribió en «su encíclica Quod aliquantum...que 'no puede imaginarse tontería mayor que tener a todos los hombres por iguales y libres'.»[xxvi]

Habiendo discutido todo lo anterior, entendemos prudente recordarles a las personas que las religiones: (a) son dañinas para el pensamiento; (b) no permiten ni quieren que en el mundo exista igualdad, tolerancia y diversidad; (c) tienen la capacidad de embrutecer severamente el pensamiento de los menores de edad; (d) no les permiten a los creyentes entender la importancia de la libertad de expresión y de pensamiento en las sociedades; (e) están en contra del racionalismo; (f) son las amenazas más graves que tiene la libertad de cátedra en las escuelas y en las instituciones de educación superior.

En fin, por eso es que estamos de acuerdo con *José Saramago*, *Premio Nobel de Literatura*, cuando manifestó que «en ningún momento de la historia, en ningún lugar del planeta, las religiones han servido para que los seres humanos se acerquen unos a los otros. Por el contrario, sólo han servido para separar, para quemar, para torturar.»[xxvii]

Por último, no podemos cerrar esta sección sin antes decir lo siguiente: una de las razones principales por las cuales la mayoría de los líderes religiosos (rabinos, sacerdotes, monjas, monjes, chamanes, pastores, reverendos, imanes, etc.) siempre han estado en contra de todas aquellas expresiones que critiquen sus dogmas, sus opiniones, sus religiones y sus libros de cuentos de hadas sagrados es, porque tienen miedo de que muchos feligreses se aparten de sus grupos religiosos y que como consecuencia de ello, las cantidades que recolectan en ofrendas para pagar sus lujos, sus amantes, sus banquetes, sus bienes y sus deudas bajen considerablemente.

II. Religiosos en contra de periodistas

Por otro lado, es importante señalar que la libertad de prensa, en apretada síntesis, es un derecho que tienen los ciudadanos y los medios de comunicación para que los gobiernos y los grupos religiosos apoyados por los gobiernos, no ejerzan control sobre las noticias que se escriben y que se publican. Además de eso, la libertad de prensa establece que nadie puede realizar actos de censura previa sobre los medios noticiosos.[xxviii]

Habiendo dicho eso, entendemos importante indicar que la inmensa mayoría de los creyentes se molestan muchísimo cuando en un periódico o en alguna revista de circulación general, algún periodista reporta informaciones negativas en torno a sus religiones. Para la inmensa mayoría de los creyentes y de los líderes religiosos, no se debe reportar nada negativo en torno a sus religiones en los medios de comunicación antes indicados. Toda vez que dichas informaciones religiosamente negativas: (1) pueden llegar a las manos de grandes cantidades de personas; y (2) pueden poner en duda muchísimos asuntos religiosos.

Por eso es que no es sorpresa que en algunos países, particularmente en los mahometanos: (a) se haya tipificado como delito publicar informaciones negativas sobre la religión y sobre los líderes religiosos, aun cuando las informaciones sean verdaderas; (b) se hayan arrestado, enjuiciado, encarcelado, azotado (con látigos) y demandado a periodistas que se atrevieron a publicar informaciones negativas en torno a la religión y/o a los líderes religiosos.[xxix]

Además de eso, no podemos dejar de mencionar que en algunos países, mayormente en los mahometanos, existen códigos de prensa oficiales que les indican a todos los periodistas y a todos los directivos de los periódicos y de las revistas: (a) cómo es que deben publicar sus artículos; (b) que no pueden publicar informaciones negativas sobre la religión mayoritaria; (c) que no pueden criticar a los líderes religiosos locales; y/o (d) que los ministerios de comunicación tienen el poder para fiscalizar los artículos de los periodistas antes de que salgan en los rotativos.

Esto nos trae a la mente lo que ocurre en Marruecos, un país predominantemente mahometano.

Allí, el gobierno aprobó una ley especial llamada el Código de Prensa. Dicho código mahometano establece, en apretada síntesis, que el Ministerio de Comunicación de Marruecos tiene el poder para «suspender la distribución de diarios y revistas que perjudican a la religión musulmana, a la integridad territorial, a la institución monárquica, al respeto del rey y al orden».[xxx]

Habiendo discutido lo anterior, es de saber ahora que en algunas partes del mundo, los religiosos no sólo toman acciones en contra de los reporteros, sino también en contra de los caricaturistas y de los artistas gráficos. Son muchísimos los casos en los cuales los religiosos han realizado protestas en contra de un diario o en contra de una revista por considerar que las caricaturas o las artes gráficas que acompañan los reportajes son ofensivas hacia sus creencias religiosas. Inclusive, ha habido casos en los que los creyentes han amenazado, difamado, agredido y/o demandado a esas personas.[xxxi]

Pero eso no es lo único que hacen muchos creyentes y líderes religiosos; en muchas ocasiones: (a) han decido demandar a los rotativos o a las revistas por haber publicado reportajes, caricaturas o artes gráficos que según ellos, son ofensivos para sus religiones; (b) han establecido pactos secretos con los jefes de los medios noticiosos, con el fin de que no se publique nada negativo sobre la religión o sobre los líderes religiosos locales.

Llegados a este punto de la discusión, es importante hacer una advertencia: en estos días, la libertad de prensa se encuentra seriamente amenazada por los fundamentalismos religiosos, por los fundamentalismos políticos y, sobre todo, por el crimen organizado. Además de eso, es de saber que gran parte de la población mundial no sabe lo que es tener una prensa libre, y eso lo decimos porque «el 43% de la población mundial vive en países que carecen de libertad de prensa...».[xxxii]

No hay duda de que todo eso debe cambiar, pues, si no hay prensa libre, entonces los periódicos y los noticieros son meros libretos de los discursos: (1) de los gobiernos; (2) de los líderes religiosos que son apoyados por los jefes de estado; (3) de los ricos y poderosos; y (4) de las empresas más poderosas.

1. Ejemplos de la sección

Llegados a este punto de la discusión, entendemos que debemos plasmar varios ejemplos en aras de que se pueda entender de una mejor manera lo que hemos explicado. Y el primer ejemplo sobre lo que venimos desarrollando proviene de Afganistán. Allí, *un periodista* fue arrestado y sentenciado a la pena de muerte por el sistema islámico de justicia criminal porque valientemente se atrevió a publicar un artículo que criticaba las atrocidades humanas que se ejecutan en el nombre del discriminatorio, violento e insulso mahometanismo.[xxxiii]

Otro ejemplo sobre lo que venimos discutiendo se relaciona con el valiente periodista *Alexander Sdvizhkov*. Todos sabemos que, por valientemente atreverse a publicar varias caricaturas del herético y asesino Mahoma en un periódico de la República Bielorrusa, fue acusado y sentenciado a tres años de cárcel por cometer el delito de odio religioso.[xxxiv]

Otro ejemplo sobre la intromisión de los religiosos en la libertad de expresión y con la libertad de prensa de los reporteros proviene de México. Allí, **la periodista mexicana Sanjuana Martínez** realizó varias investigaciones periodísticas sobre la vida sexual de los sacerdotes católicos, específicamente, en torno de los abusos sexuales cometidos por los sacerdotes en contra de menores de edad. Valga saber que por esas magnificas investigaciones, a la periodista se le otorgó el importantísimo premio Ortega y Gasset.

Sin embargo, cuando la periodista intentó que sus investigaciones se publicaran en varios medios noticiosos de México, se encontró con el problema de que la mayoría de ellos tenían prohibido publicar informaciones negativas sobre la Iglesia católica. Lo que es más, la periodista: (a) «fue objeto de amenazas de muerte»; y (b) tuvo que ver cómo sus investigaciones, que fueron publicadas en forma de libros, fueron retiradas de muchas librerías mexicanas a petición de los fundamentalistas católicos.[xxxv]

Veamos ahora otro lamentable y violento ejemplo islámico. Varios caricaturistas --entre ellos, uno de Dinamarca-- realizaron caricaturas de lo más cómicas del asesino Mahoma, antiguo líder de la religión islámica. Entre las viñetas se encontraba una en la que el asesino Mahoma estaba vestido con un turbante bomba. Además, había otra sumamente cómica, en la que el desquiciado Mahoma le pedía a sus violentos seguidores que no siguieran inmolándose en el nombre de su religión porque en el paraíso mahometano ya no había mujeres vírgenes con grandes senos para recompensarlos.

Los efectos que tuvieron esas fabulosas caricaturas en el mundo mahometano fueron, por decir lo mínimo, extremadamente bochornosos y violentos. Así, por ejemplo, en Paquistán, miles de alocados islamitas osaron causar disturbios callejeros en los que: (1) destrozaron bienes muebles e inmuebles; y (2) asesinaron a varias personas. Lo que es más, esos disturbios mahometanos fueron tan violentos que los gobernantes de Dinamarca ordenaron cerrar su embajada en Islamabad.

También debe tenerse en cuenta que varios líderes y practicantes del intolerante islamismo anunciaron que les pagarían una recompensa a los islamitas que tuvieran la valentía de matar a los caricaturistas y a sus familiares. Así, por ejemplo, un poderoso grupo de practicantes del Islam que estaba integrado por comerciantes llegó a ofrecerles a los posibles asesinos un millón ($ 1.000.000) de dólares.

Véanse las comiquísimas caricaturas de Mahoma publicadas en Jyllands-Posten

Por su parte, un líder religioso del Islam, llamado Mohamed Yousaf Qureshi, logró que todos los líderes de plegarias del Islam se pusieran de acuerdo para ofrecerle al que matara al caricaturista danés una recompensa de unos veinticinco mil ($ 25.000) dólares y un flamante carro último modelo. Cabe agregar que este violento líder religioso se molestó tanto que llegó a decir sobre esta cuestión lo siguiente: «se trata de una decisión unánime de todos los imanes (líderes de plegarias) del Islam. **Cualquier persona que insulte al profeta merece ser asesinado** y cualquiera que cause el fin de este hombre que ha insultado a Mahoma recibirá el premio.»[xxxvi]

Otro ejemplo sobre lo que venimos discutiendo proviene de Francia; allí, los directivos, empleados, caricaturistas y vendedores de una revista francesa de sátira –llamada «*Charlie Hebdo*»– que constantemente le lanza a las religiones tradicionales fuertes críticas fundamentadas a través de unas tirillas cómicas, han tenido que lidiar constantemente con los embrutecidos religiosos que se pasan constantemente protestando, criticando, difamando y entablando pleitos civiles y criminales en su contra.

De hecho, valga saber que, en 2007, varias organizaciones religiosas del peligroso Islam con base en Francia decidieron demandar a la revista, por haber publicado varias caricaturas de Mahoma: un desgraciado dictador, asesino y machista que fue autor de crímenes de lesa humanidad mientras vivía. Luego de varios trámites procesales, el caso llegó hasta el *Tribunal Correccional de París*, y este tribunal determinó -- protegiendo el venerable derecho a la libertad de expresión y el sagrado derecho a la libertad de prensa-- que los directores de la revista no habían violado ninguna ley al publicar los dibujos del desquiciado asesino Mahoma.

Habiendo discutido lo anterior, entendemos que todos los líderes religiosos deben tomar un cursito que les explique la importancia de tener una prensa libre de presiones, especialmente, libre de presiones políticas y religiosas. Los líderes religiosos y los fanáticos religiosos tienen que aprender, aunque sea a la fuerza, que la prensa se respeta, al extremo de que se le debe llamar el Cuarto Poder.

En fin, las personas que odian la libertad de prensa debido a su enorme embrutecimiento mental-religioso, deben estar conscientes de que «una prensa libre e independiente es un elemento vital en cualquier democracia y tiene un papel clave en la promoción de la prosperidad, la seguridad y la dignidad humana. Estas son metas importantes que todos los países...comparten.»[xxxvii]

III. Religiosos en contra de escritores

Por otro lado, es de conocimiento público que uno de los métodos por excelencia por los cuales la libertad de expresión se manifiesta de forma permanente es a través de los libros y de los panfletos. A través de ellos, los autores pueden exponer sus ideas libremente y, sobre todo, con un grado de esperanza de que sus opiniones y puntos de vistas quedarán archivadas por largo tiempo. Además, al escribir sus opiniones y puntos de vista en libros y en panfletos, los escritores tienen la esperanza de que sus voces sigan siendo escuchadas a través de las décadas.

A tono con lo anterior, no hay duda alguna que a través de la historia los libros y los panfletos han sido los vehículos por excelencia por los cuales los escritores han criticado a las religiones. Se han escrito millones de libros y panfletos con contenidos adversos hacia las religiones y hacia los líderes religiosos.

Y el hecho de escribir libros y panfletos con contenidos adversos hacia las religiones no ha sido del agrado de millones de creyentes, especialmente de los más embrutecidos con asuntos religiosos. Lo que les ha llevado a tomar cartas en el asunto; y las acciones que han tomado muchos líderes religiosos y muchos fanáticos religiosos para evitar que los esclavos mentales (los creyentes) lean esos libros y panfletos han sido las siguientes: (a) crear listas oficiales-religiosas de libros prohibidos; (b) difamar, demandar, acusar criminalmente, arrestar, enjuiciar, encarcelar y/o asesinar a los autores, a los traductores y a los editores de dichos libros y panfletos; (c) encarcelar, multar y difamar a los creyentes que se hayan atrevido a leer dichos libros y panfletos; (d) decirles a los creyentes que dichos libros y panfletos son satánicos o que han sido escritos por los inexistentes demonios.[xxxviii]

Pero eso no es lo único que han hecho los líderes religiosos y los fanáticos religiosos para evitar que otras personas lean la literatura antirreligiosa, también han realizado: (a) protestas religiosas frente a las librerías que venden dichos libros y panfletos; (b) protestas religiosas frente a las casas publicadoras que han decidido publicar dichos libros y panfletos; (c) actividades de quema de libros y panfletos antirreligiosos; (d) boicoteos públicos.[xxxix]

Además de eso, hay fanáticos religiosos que una vez se enteran de que se ha publicado o que se va a publicar un libro de contenido antirreligioso o con partes que son ofensivas para su religión, se comunican con las editoriales y les piden que no impriman los libros o que les saquen las partes ofensivas hacia sus religiones.[xl]

Nótese que líneas arriba indicamos que algunos líderes religiosos y algunos fundamentalistas asesinan o mandan a asesinar a los autores, a los traductores y a los editores de libros blasfemos. Lo que ustedes deben saber también es que algunos de estos cabrones, ofrecen recompensas monetarias para que algún fundamentalista religioso cumpla sus deseos. Y en algunas ocasiones, lamentablemente, los fundamentalistas han cumplido, o sea, han asesinado a los autores, a los traductores o a los editores.[xli]

Llegados a este punto de la discusión, es importante decir lo siguiente: la inmensa mayoría de las acciones que realizan los líderes religiosos y los fanáticos religiosos para evitar que las personas lean libros y panfletos religiosamente prohibidos no dan resultados. Lo que es más, la crítica religiosa en contra de un autor y/o en contra de un libro termina siendo muy positiva para el autor del libro y para la casa publicadora.

La experiencia enseña que las personas, aunque sean creyentes, sienten un gran interés de leer los libros que han sido escritos por autores religiosamente criticados y/o vedados. Las personas piensan que realmente vale la pena leer esos libros. Notan que los contenidos de esos libros son tan poderosos que han logrado jamaquear la mente y el ánimo de muchos líderes religiosos y de numerosos fanáticos religiosos.

1. Ejemplos de la sección

Llegados a este punto de la discusión, entendemos que debemos plasmar varios ejemplos en aras de que se pueda entender de una mejor manera lo que hemos explicado. El primer ejemplo de persecuciones religiosas en contra de la libertad de expresión manifestada a través de libros y panfletos lo podemos ver en un catálogo publicado y compilado desde el año 1559 por la corrupta y procaz Iglesia católica, llamado el *Índice de Libros Prohibidos*.

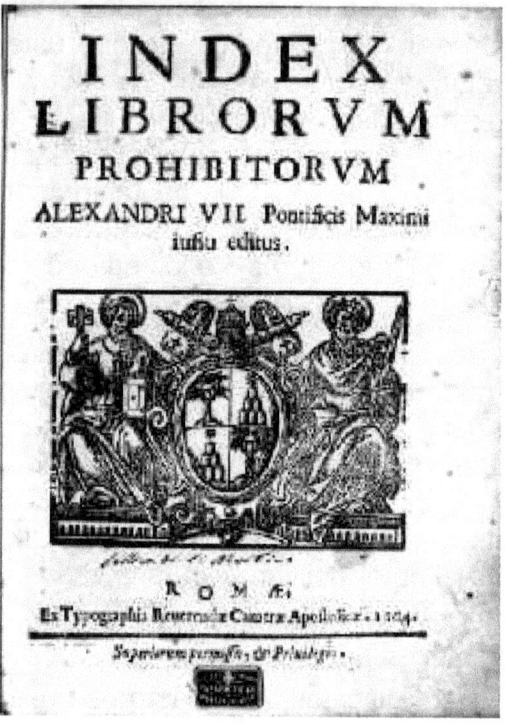

Véase el Índice de Libros Prohibidos

En dicho catálogo, como se sabe, los herejes de la Iglesia católica osaron anotar y sacar de circulación todos aquellos panfletos y libros que ellos consideraban que representaban un peligro claro e inminente para su inventada fe cristiana, sin contar con que a muchos de los autores de dichos escritos los excomulgaron, los

Ismael Leandry Vega

censuraron, los arrestaron o los mataron en el nombre del padre, del hijo y del espíritu santo, amén.

A ello hay que añadirle que, no sólo los autores de esos escritos eran castigados, sino que los feligreses que no obtuvieran una dispensa de la procaz y mendaz Iglesia católica para poseer, leer o discutir el contenido de esos libros también eran excomulgados y castigados duramente.

Ahora bien, debe destacarse que, después de siglos de persecuciones, difamaciones, torturas, castigos y asesinatos por escribir, vender, poseer, leer o discutir el contenido de esos maravillosos libros llenos de sabiduría, «la última edición del Índice se publicó en 1948. La Iglesia anunció en 1966 que no se publicarían nuevas ediciones y que el catálogo actual ya no era vinculante. Se retiró la pena de excomunión por leer los libros del Índice.»[xlii]

Otro ejemplo sobre lo que venimos discutiendo ha ocurrido en Estados Unidos de América desde que se publicaron los libros de **«Harry Potter»** de la afamada escritora J. K. Rowling. En varias partes de dicha nación, numerosas sectas cristianas –como los miembros de una secta sita en Nuevo México llamada Iglesia de la Comunidad Cristiana de Alamogordo– se han dedicado: (1) a catalogar las novelas antes mencionadas como satánicas y fomentadoras de la brujería; (2) a boicotear los lugares en donde las venden; y (3) a realizar hogueras para quemar miles de esos libros.

Inclusive, hay líderes sectarios que tienen sus pensamientos tan embrutecidos por las religiones, que han fomentado las hogueras y el boicot a los libros de «Harry Potter» por los estúpidos fundamentos de que: (1) la Dra. Rowling le enseña «a los niños actos de brujería»; (2) detrás del personaje de «Harry Potter» se esconde dizque «el poder satánico de las tinieblas»; (3)

«Harry Potter es el diablo y está destruyendo a la gente.»[xliii]

Otro ejemplo sobre esto se relaciona con el afamado escritor **Salman Rushdie**. Como se sabe, este excelente escritor escribió una novela llamada «Los versos satánicos». En dicha novela, Salman criticó duramente la religión mahometana, lo que ocasionó que muchos líderes religiosos del mahometismo catalogaran la novela como una blasfemia en contra del violento, machista, discriminatorio y estúpido Islam. También ocasionó que el tenebroso ayatolá Jomeini promulgara «una 'fatwa' (condena de muerte) contra el autor, ofreciendo una cuantiosa recompensa a quien ejecutara la sentencia.»[xliv]

Valga saber que esa condena de muerte religiosa le ocasionó a Salman y a muchos de sus colegas grandes contratiempos. Así, por ejemplo, el autor tuvo que vivir rodeado de policías secretos por muchos años. Además de eso, «tres personas relacionadas con la publicación del libro sufrieron atentados. El traductor de la novela al japonés fue asesinado» por un fanático del mahometismo.[xlv]

Veamos ahora otro ejemplo: un fabuloso libro del escritor latinoamericano Gabriel García Márquez, llamado la «**Memoria de mis putas tristes**», fue puesto en venta en la República Islámica de Irán en 2007, país éste en donde muchas de las enseñanzas del Islam son parte del ordenamiento jurídico y en donde los líderes religiosos ocupan posiciones gubernamentales de alta jerarquía dentro del sistema de justicia.

Entonces, después de que se vendieron los primeros ejemplares del libro, varios de ellos llegaron a manos de algunos heréticos y aburridos líderes del mahometanismo. Ello ocasionó que esos líderes: (1) se molestaran al leer el libro que «relata la vida de un anciano que siempre se ha acostado con prostitutas, pero que, cuando cumple 90 años, se decide regalar una noche de 'amor salvaje' con una virgen de 14 años»; (2) le ordenaran al gobierno que colocaran el libro en el índice de los libros islámicamente prohibidos.

De esa manera: (1) le prohibieron a la ciudadanía poseer y leer el libro; (2) le prohibieron al afamado autor, ganador del premio Nobel de Literatura en 1982, seguir vendiendo su libro en dicha atormentada nación islámica. Y todo esto, repetimos, a través del herético Derecho Islámico.[xlvi]

Por último, este ejemplo se relaciona con lo que le ocurrió a este escritor (a mi) cuando publiqué un libro llamado *La Maldad y la Imbecilidad de tu Dios y de tu Religión*. Nosotros, originalmente, publicamos nuestro libro con una editorial de los Estados Unidos de América y no tuvimos ningún tipo de problema. Pero, cuando tratamos de que nuestro libro fuera distribuido en Puerto Rico, ahí comenzaron nuestros problemas. Nos explicamos.

En Puerto Rico, hay pocos distribuidores de libros independientes que tienen la capacidad de distribuir libros en librerías importantes. Cuando contactamos a uno de esos distribuidores, que anteriormente había distribuido un libro que habíamos publicado llamado *Vigilancia electrónica por cámaras de seguridad*, éste nos informó que él era cristiano y no podía ayudarnos a distribuir nuestro nuevo libro, ya que temía que si nos ayudaba su inexistente dios lo podía castigar.

Agraciadamente, luego de estar más de nueve meses buscando un distribuidor, encontramos uno que era un valiente. Dicho distribuidor, el *Editor de Publicaciones Puertorriqueñas*, nos informó que la acción del distribuidor anterior era un atentado en contra de la libertad de expresión y en contra de la industria del libro. Y por esos hechos, el Editor Palomares accedió amablemente a distribuir nuestro libro en las principales librerías puertorriqueñas.

IV. Religiosos en contra de cineastas, actores y conferenciantes

Por otro lado, es harto conocido que a los religiosos, especialmente a los que están seriamente embrutecidos con religión, no les gustan las películas (incluyendo los documentales) que critican o se mofan de sus religiones, de sus líderes religiosos, de sus prácticas religiosas y de sus inexistentes dioses. Tampoco les gustan las películas: (a) que destapan actos discriminatorios, indignantes y abusivos cometidos en el nombre de la religión; (b) que discuten datos históricos negativos entorno a sus religiones; (c) que promuevan el ateísmo o el agnosticismo. Y todo ello aunque las películas sean dirigidas, producidas y actuadas por los mejores miembros de la industria cinematográfica.

Y para demostrar su descontento con las películas que tienen un contenido como el antes indicado, los líderes religiosos y los fundamentalistas: (1) critican públicamente las películas, a los directores, a los productores y/o a los actores; (2) les dicen a los creyentes que no vayan a los cines a ver las películas; (3) que no alquilen o compren las películas una vez salgan al mercado.

Además de eso, dentro del mundo religioso ocurre algo bien curioso: regularmente, si un productor de una película que plasma aspectos positivos de la religión o de algún líder religioso le pide permiso a un líder religioso para filmar dentro de las facilidades de su iglesia, le conceden el permiso. Pero, si la película que se va a filmar plasma aspectos negativos sobre la religión, entonces no conceden dichos permisos.[xlvii]

Debe tenerse presente, además, que algunos líderes religiosos y algunos fundamentalistas odian tanto las películas que plasman aspectos negativos sobre sus religiones que: (1) han ordenado asesinar a los productores de las películas; (2) han amenazado de muerte a los productores, a los directores y a los actores de dichas películas; (3) han amenazado de muerte a los traductores que traducen dichas películas a otros idiomas.

1. Ejemplos de la sección

Llegados a este punto de la discusión, entendemos que debemos plasmar varios ejemplos en aras de que se pueda entender de una mejor manera lo que hemos explicado. El primer ejemplo proviene del Estado de la Ciudad del Vaticano. Allí, los líderes de la Iglesia católica, la madre del embrutecimiento religioso, constantemente les otorgan permisos a los productores de películas y documentales para filmar dentro de algunas zonas de su pequeño territorio.

Sin embargo, cuando los productores de la película «*Ángeles y Demonios*» les solicitaron permiso a los líderes de la Iglesia católica para filmar partes de la película dentro de algunas zonas del herético Vaticano, los segundos se opusieron rotundamente. Y ello, a pesar de que los directores, los productores y los actores de dicha película eran personas de alta reputación y respetabilidad dentro de la industria cinematográfica.

Pero eso no fue lo único que ocurrió, valga saber que algunos líderes de la Iglesia católica, sin tan siquiera haber visto la alta calidad de la película, se dirigieron a sus esclavos mentales (los feligreses) y les recomendaron «boicotear la película Ángeles y Demonios, el thriller dirigido por Ron Howard, basado en la novela homónima de Dan Brown…».[xlviii]

Otra película que fue duramente criticada por muchísimos creyentes y líderes religiosos seriamente embrutecidos con religión fue «*La Brújula Dorada*». Dichas críticas religiosas se debieron a que la película, según los mismos, transmitía «un mensaje ateo y decididamente anticristiano».[xlix]

Otro ejemplo sobre lo que venimos discutiendo se relaciona con los libros y con las videocintas basadas en la novela El Código Da Vinci, escrita por el afamado escritor **Dan Brown**. Muchos líderes religiosos –para su vergüenza– llegaron a ordenarles a miles de sus embrutecidos feligreses que no leyeran la novela y que no fueran al cine a ver la película.

Todo porque la novela y la película se basan en la teoría de que el inexistente Jesucristo copuló, se enamoró, se casó y tuvo hijos (por lo que su descendencia existe hoy en día entre nosotros) con María Magdalena, su discípula preferida. Lo que es, según la mayoría de los desviados líderes religiosos del cristianismo, una gran blasfemia en contra de sus inventados dioses y santos pues, claramente, atenta contra el principio mágico-cristiano de que el inexistente Jesucristo era dizque un ser divino y sexualmente virgen.

Pero, si profundizamos más sobre las razones de las críticas de los líderes religiosos en contra de *El Código Da Vinci*, nos daremos cuenta de que, en realidad «…la histeria de muchos líderes religiosos estaba basada incorrectamente en que sus fieles eran tan tontos que después de ver la película dejarían de creer en lo que creían y por lo tanto <u>la asistencia a los templos, y por ende las ofrendas, disminuirían considerablemente.</u>»[l]

Otro ejemplo, que proviene de Ámsterdam, demuestra hasta dónde los religiosos cabrones son capaces de llegar para acallar la libertad de expresión de los cineastas. Allí, el valiente cineasta *Theo Van Gogh* fue asesinado por un atolondrado islamita, por el simple hecho de haber criticado duramente las atrocidades que se cometen en el nombre del embrutecedor Islam, y por haber hecho una película que plasmaba las formas tan despectivas en las que los hombres islamitas tratan a las mujeres en los países mahometanos.[li]

V. Religiosos en contra de las expresiones de los investigadores y de los científicos

Como todos sabemos, los fanáticos religiosos y los líderes religiosos nunca han estado de acuerdo en que se publiquen investigaciones y datos científicos que contradigan sus creencias religiosas. Y eso ha llegado al punto de que en muchísimas ocasiones, los líderes religiosos y los fundamentalistas han cometido actos difamantes, desagradables, violentos y abusivos: (a) en contra de algunos científicos; y (b) en contra de algunos investigadores.

Además de eso, todos sabemos que muchos líderes religiosos han colocado en listas de libros religiosamente prohibidos, libros que contienen informaciones científicas que contradicen ciertas creencias religiosas.

Pero eso no es lo único que hacen y han realizado los fundamentalistas religiosos, también sabemos que han hecho todo lo posible para interferir con la libertad de expresión y de cátedra que tienen los profesores, en aras de que los estudiantes no tengan acceso: (a) a datos científicos que contradicen las estupideces que se han escrito en los libros de cuentos de hadas sagrados (la Biblia, el Corán, la Sharia, la Torá, entre otros); (b) a libros históricos que demuestran las atrocidades que han cometido los religiosos en el nombre de la religión, la madre del embrutecimiento mental.

Teniendo en mente lo anterior, debe saberse también que los fanáticos religiosos siempre han descargado su ira con extrema ferocidad hacia los líderes religiosos (sacerdotes, pastores, imanes, chamanes, etc.) que han publicado y/o pregonado informaciones reales, pero religiosamente negativas: (a) en contra de la religión que practican; y/o (b) en contra de la iglesia a la que pertenecen. Para la mayoría de los líderes y fanáticos religiosos que están seriamente embrutecidos con religión, los líderes religiosos que incurren en actos como los señalados son unos traidores.

Valga saber que los fundamentalistas y los líderes religiosos que están seriamente embrutecidos con la religión que practican, nunca han deseado que se publiquen datos científicos que contradigan las estupideces y las pendejadas que se han escrito en los libros de cuentos de hadas sagrados: (a) porque se demuestra que las religiones son irracionales y pendejas; (b) porque se demuestra que los líderes religiosos son pendejos y embusteros; y (c) porque muchas personas, al conocer la verdad, se alejan de las iglesias, lo que hace bajar las ofrendas.

1. Ejemplos de la sección

Llegados a este punto de la discusión, entendemos que debemos plasmar varios ejemplos en aras de que se pueda entender de una mejor manera lo que hemos explicado. El primer ejemplo que plasmaremos se relaciona con *Miguel Servet*, un afamado teólogo e investigador español.

Al respecto, valga saber que este gran investigador, después de realizar una minuciosa investigación sobre documentos eclesiásticos e históricos contemporáneos y del pasado, llegó a la acertada conclusión de que el dogma cristiano de la Santísima Trinidad era (y todavía es) un gran embuste, por razón de que no se encontraba en ninguna parte de los viejos documentos analizados. En ese sentido, véanse las palabras de Servet:

> Los filósofos han inventado una tercera entidad diferenciada, verdadera y realmente distinta de las otras dos, a la que han llamado la Tercera Persona, o Espíritu Santo, y así han concebido una Trinidad imaginaria, tres seres en una única naturaleza.[iii]

No es necesaria mucha elucidación para saber que esto tuvo como consecuencia que los macos líderes y practicantes del catolicismo quemaran los fabulosos libros de Miguel Servet y, sobre todo, que lo enjuiciaran y lo condenaran a muerte en el nombre del padre, del hijo y del espíritu santo, amén. De hecho, el 27 de octubre de 1533 Servet fue quemado vivo en la picota por los dizque representantes de Dios en la Tierra, pero, sobre todo, en presencia del misericordioso dios omnipresente de los cristianos. Antes de su muerte tuvo que escuchar la siguiente injusta acusación por parte de los heréticos miembros de la iglesia:

> Contra Miguel Servet en el Reino de Aragón, en España: Porque su libro llama a la Trinidad demonio y monstruo de tres cabezas; porque contraría a las escrituras decir que Jesús Cristo es un hijo de David; y por decir que el bautismo de los pequeños infantes es una obra de la brujería, y por muchos otros puntos y artículos y execrables blasfemias con las que el libro está así dirigido contra Dios y la sagrada doctrina evangélica Restitución del cristianismo, para seducir y defraudar a los pobres ignorantes.
>
> Por estas y otras razones te condenamos, M. Servet, a que te aten y lleven al lugar de Champel, que allí te sujeten a una estaca y te quemen vivo, junto a tu libro manuscrito e Impreso, hasta que tu cuerpo quede reducido a cenizas, y así termines tus días para que quedes como ejemplo para otros que quieran cometer lo mismo.[liii]

Otro ejemplo sobre lo que venimos discutiendo, fue lo que le hizo la corrupta e inmunda Iglesia católica, especialmente el papa Clemente VIII en 1600, al sacerdote **Giordano Bruno**. Ese año, los asesinos de la Iglesia católica –bajo el pretexto de que actuaban en el nombre de su inexistente deidad– «sacaron de prisión a Giordano Bruno, para llevarle en una macabra procesión hasta Campo de Fiori. Allí sería quemado en la hoguera (…) **¡Por haberse atrevido a decir que la Tierra giraba alrededor del Sol!** (...) Con este inocente se cometió un verdadero asesinato contra la ciencia.»[liv]

Asimismo, sépase también que otros ejemplos de esto fueron los incidentes que tuvieron los científicos Galileo y Copérnico contra la corrupta y atontada Iglesia católica. Sobre el caso de **Galileo**, valga apuntar que la corrupta y cabrona Iglesia católica –bajo el pretexto de que actuaba como su inexistente dios le había ordenado– «condenó a Galileo en el siglo XVII por defender la teoría heliocéntrica de Copérnico, que establecía que la Tierra y los demás planetas giraban en torno a un Sol estacionario, mientras que la doctrina de la Iglesia defendía que la Tierra era el centro del Universo.»[lv]

Por su parte, en el caso del **doctor Nicolás Copérnico**, es de saber que, después de que éste expusiera científicamente la teoría heliocéntrica -que establece, entre otras cosas, que nuestro contaminado planeta gira alrededor del Sol– fue enérgicamente criticado por académicos y por varios líderes de la mendaz Iglesia católica, que basaban sus críticas en que la investigación del doctor Copérnico contradecía el libro de cuentos de hadas llamado la Biblia. Esto tuvo como consecuencia –para vergüenza de los católicos– que, en 1616, la Iglesia católica se atreviera a colocar «el trabajo de Copérnico en su lista de libros prohibidos.»[lvi]

Por otro lado, otro ejemplo sobre el tema de esta sección proviene de Italia. Entre 1606 a 1608 al sacerdote **Paolo Sarpi** le fue permitido examinar los archivos de la cabrona Inquisición, los matones y torturadores a sueldo de la Iglesia católica. Al realizar dicho examen, Sarpi se enteró de los delitos, de las masacres, de las violaciones y de los asesinatos cometidos por la Iglesia católica, y como buen amante de la verdad, decidió publicar las atrocidades encontradas en los archivos.

Sin embargo, cuando los líderes de la mendaz Iglesia católica se enteraron de esa idea, además de que excomulgaron a Sarpi, también contrataron a varios asesinos –entre ellos varios sacerdotes– para que lo asesinaran a sangre fría, a los fines de que la oscura y sangrienta verdad eclesiástica no saliera a la luz pública.

Para asesinar a Sarpi se realizaron dos atentados. El primero de ellos fue evitado, gracias a que los organismos de seguridad pudieron detener a los asesinos –entre ellos un sacerdote– antes de que cometieran el atroz delito. Sin embargo, el segundo atentado tuvo algo de éxito, pues, aunque Sarpi no murió, fue salvajemente atacado por varios malhechores –entre ellos un sacerdote– que lograron infligirle varias heridas punzantes en la cabeza y en otras partes de su cuerpo. Como consecuencia de dicho ataque, «en la República de Venecia todos culparon al Vaticano del atentado. Pasados unos meses, se pudo reconstruir la huida de los fallidos criminales, se supo que <u>se encontraban en Roma y que su cabecilla había sido otro sacerdote.»</u>[lvii]

Por otro lado, en este ejemplo que guarda estrecha relación con el anterior, ocurrió lo siguiente: en 1624, el obispo **Marco Antonio de Dominis** se enteró de las atrocidades cometidas por la cabrona Inquisición, gracias a varios de los escritos de Sarpi. Una vez enterado, Marco Antonio tomó la valiente decisión de publicar en el Reino Unido los macabros hallazgos de las investigaciones de Sarpi. Como consecuencia de dichas acciones, los corruptos líderes de la iglesia le fabricaron un caso de herejía que tuvo como resultado que Marco Antonio fuera arrestado, acusado, torturado y asesinado durante uno de los interrogatorios a los que fue sometido.

Ahora bien, lo más sorprendente de este asesinato fue que, a pesar de la violenta muerte de Marco Antonio, su juicio no se detuvo. El juicio continuó, a pesar de que el acusado ya estaba muerto y que el proceso de putrefacción corporal había comenzado. La razón para tan aberrante y patológica conducta fue que el corrupto y asesino Urbano VIII, Papa de la corrupta y fraudulenta Iglesia católica, le ordenó a sus inquisidores continuar con el juicio «y dado que la condena fue la hoguera, se realizó todo el macabro ritual con el ataúd y el cadáver, que fue quemado en el Campo de Fiori, el mismo lugar donde se hizo lo mismo con el inocente Giordano Bruno.»[lviii]

Otro sangriento ejemplo que demuestra con claridad la forma y manera en que la Iglesia católica trataba a todos aquellos pregoneros que se atrevían a pregonar informaciones negativas sobre sus creencias o sobre sus líderes proviene de Florencia, Italia. Allí, el clérigo florentino Girolamo Savonarola se dedicaba: (1) a predicar; y (2) a criticar duramente a la mendaz Iglesia católica y al Papa. Sus críticas, entre otras cosas, iban dirigidas a demostrar cómo el Papa se había alejado de las enseñanzas de humildad del clavado Jesús y cómo los altos líderes de la mendaz Iglesia católica sólo se preocupaban por mantener sus lujos, sus propiedades y sus banquetes.

En resumen, sus discursos demostraban cuán enorme era la depravación moral de la alta plana de la corrupta Iglesia católica. Como consecuencia de ello, la cabrona y corrupta Iglesia católica emitió una orden papal para que –in Nomine Patris, et Filii, et Spiritus Sancti– se excomulgara, difamara, torturara y asesinara en una hoguera al inocente **Girolamo Savonarola.**[lix]

VI. Religiosos en contra del arte y la música

Por otro lado, es harto conocido que los creyentes son y han sido, como regla general: (a) pésimos admiradores del arte; (b) pésimos críticos del arte. De hecho, sus opiniones en torno al arte están seriamente afectadas por sus creencias religiosas, al punto de que con demasiada frecuencia consideran grotescas y de mal gusto ciertas obras de arte de extrema belleza.

Ahondando más sobre esto último, todos sabemos que a la mayoría de los creyentes y de los líderes religiosos no les agradan las obras de arte (aunque sean creadas por artistas reconocidos y de elevado talento): (a) que ofendan y/o critiquen sus prácticas religiosas; (b) que ofendan y/o critiquen a sus inexistentes dioses.

Y todo lo anterior ha ocasionado a través de la historia, que muchísimos creyentes y líderes religiosos: (a) hayan difamado, amenazado, golpeado o asesinado a muchísimos artistas; (b) hayan logrado que ciertos trabajos artísticos de ciertos artistas hayan sido retirados de las galerías; (c) hayan logrado encarcelar a ciertos artistas; (d) hayan logrado que las galerías de arte no muestren ciertas obras de arte; (e) hayan destruido innumerables obras de arte.[ix]

Antes de continuar, entendemos prudente realizar un paréntesis para decir que la mayoría de los creyentes no pueden apreciar adecuadamente las manifestaciones artísticas, debido a que las juzgan en base a sus creencias religiosas, particularmente en base a las reglas de moral religiosas. Y esa, como saben los expertos en arte, no es la forma correcta de apreciar las manifestaciones artísticas. Es como dice Nicola Oddati, concejal de cultura de Nápoles, «el arte no se juzga moralmente»[xi]

Por otro lado, no podemos olvidar que crear un videojuego es, para su creador, como crear una obra de arte. Sabemos que los expertos en computación tardan años en crear un videojuego de excelencia. También sabemos que los creadores de los videojuegos se toman su tiempo para que las gráficas, los sonidos y la calidad de las imágenes de sus videojuegos sean excelentes y, de cierta manera, preciosas.

Habiendo dicho eso, tenemos que decir que la creación de videojuegos es parte de la libertad de expresión que tienen sus creadores. Estos últimos manifiestan sus deseos, sus creatividades, sus pasiones y sus fantasías durante los procesos de creación.

Pues bien, es de saber que los religiosos recalcitrantes de estos tiempos se pasan fiscalizando los videojuegos que salen al mercado. Buscan si tienen un contenido que sea antirreligioso u ofensivo para sus creencias religiosas. Y si encuentran que los videojuegos cumplen con una o con ambas características, no dudan en tomar cartas en el asunto.

Así, por ejemplo, los creyentes más pacíficos: (a) les escriben cartas a los creadores de los videojuegos, en aras de que los saquen del mercado; (b) realizan protestas frente a las tiendas en donde se venden dichos videojuegos; (c) realizan protestas frente a las cedes de las empresas que crearon los videojuegos; (d) realizan protestas en Internet. Ahora bien, muchos de los religiosos que están seriamente embrutecidos por la religión que practican, realizan amenazas en contra de los creadores de los videojuegos y/o en contra de las empresas que apoyaron la creación de dichos videojuegos.[lxii]

Por otro lado, algo que es harto conocido es la guerra que la religión le ha declarado a la música. A través de los siglos, hemos visto cómo muchos líderes religiosos castigaban o fomentaban que se castigaran a las personas que cantaban ciertas canciones. También hemos visto como muchos líderes religiosos censuraban: (a) ciertas canciones; (b) a ciertos cantantes. Pues bien, valga saber que todavía en estos tiempos esto sigue ocurriendo; pero es más grotesco en los países mahometanos. En algunos de esos países (como en Arabia Saudita), los líderes religiosos les piden a los gobiernos que prohíban la transmisión de música a través de las ondas radiales, a través de la televisión y a través de la Internet.[lxiii]

Pero eso no es lo único que ocurre con la música en el mundo mahometano. Valga saber que los mahometanos de todos los países velan que otras personas, aunque sean mahometanas, no canten canciones que tengan como contenido párrafos del Corán. Y la razón por para ello es que «...la

---

musicalización de los textos del Corán es considerada una ofensa para los musulmanes».[lxiv]

Además de lo hasta aquí señalado, valga saber que de todas las batallas que ha tenido la religión con la música, una de las que más ha perdurado es la que han librado los religiosos con los cantantes de canciones que tienen un contenido sexual y/o homosexual. Es harto conocido que la inmensa mayoría de los religiosos nunca han deseado: (a) que no se transmitan canciones con contenido sexual y/o homosexual a través de las ondas radiales y a través de las ondas televisivas; (b) que se vendan discos que tengan un contenido como el antes señalado; (c) que los cantantes que cantan canciones con un contenido como el señalado realicen conciertos.[lxv]

Pero lo más increíble sobre esto es que la inmensa mayoría de los religiosos han brindado razones para lo anterior que son, por decir lo menos, bien pendejas. Así, por ejemplo, hay creyentes y líderes religiosos que han indicado que no se debe permitir lo anterior: (a) porque esas son obras del inexistente Satanás y del monstruo come gente de siete cabezas; (b) porque ese tipo de música puede llevar a los jóvenes al satanismo; (c) porque esas obras musicales atentan contra las reglas de moral religiosas.

Ahondando un poco más en torno al punto (c) anterior, valga saber que no entendemos porque los religiosos se han autoproclamado los establecedores de la moral en la sociedad. Esa posición le queda muy grande a los religiosos, ellos son los menos que pueden establecer reglas de moral. Si miramos las religiones con profundidad intelectual, notaremos que están llenas de inmoralidades y de pendejadas discriminatorias.

Otro asunto relacionado con la música que debe mencionarse es el siguiente: en todos los países, las religiones mayoritarias tienen censores que asisten a los conciertos de los artistas en aras de analizar: (a) si los escenarios que se utilizaron tenían un contenido herético y/o blasfemo; (2) si los vestuarios y las coreografías que se utilizaron tenían un contenido herético y/o blasfemo. Y todo eso lo realizan para, posteriormente, realizar manifestaciones públicas en contra de los artistas y los productores que participaron en dichos conciertos.

Por otro lado, otra cuestión que debemos señalar en torno a los países mahometanos, es que en la mayoría de ellos los hombres han hecho todo lo posible para que las mujeres no pueden aparecer: (a) en televisión; (b) en anuncios de periódicos; (c) en anuncios de revistas. Y eso, además de ser un atentado en contra de la libertad de expresión de las mujeres, también es un acto discriminatorio por razón de sexo.[lxvi]

Las mujeres mahometanas tienen el mismo derecho que tienen los hombres de salir en televisión y en los anuncios que se publican en los medios de comunicación masivos. Lo que es más, es altamente recomendable que salgan más mujeres mahometanas a través de los medios de comunicación, pues el concepto belleza penetraría dentro de esos medios. No hay nada de bello al ver hombres barbudos y con turbantes todo el tiempo, es algo bien aburrido y grotesco.

Por otro lado, otra cuestión que se debe saber es que los religiosos tienen censores que se pasan fiscalizando los programas televisivos, en aras de identificar aquellos que cometen blasfemias y herejías. Cuando descubren un programa con contenido herético o blasfemante, rápidamente toman cartas en el asunto. Regularmente se comunican con los canales televisivos y les exigen: (a) disculpas públicas; (b) que cancelen los programas. También se comunican con las agencias gubernamentales que están encargadas de la regulación de las comunicaciones para que multen a los canales televisivos.[lxvii]

Pero lo más sorprendente sobre esto es que, en ocasiones, los religiosos han logrado su cometido, es decir, los religiosos recalcitrantes han logrado que los gobiernos tomen acciones como las señaladas. ¡Y eso, por decir lo menos, está muy mal! Los programas televisivos, especialmente los de comedia y los de adultos, son parte de las manifestaciones del arte. Los actores y los productores de dichos programas deben tener plena libertad: (a) para actuar libremente; (b) para vacilarse las religiones y a los líderes religiosos; (c) para criticar las religiones y las opiniones de los líderes religiosos; (d) para presentar desnudez y actos sexuales, claro está, esto último dependiendo de los horarios.

Teniendo en mente lo anterior, hay que señalar que en algunos países del mundo, mayormente en los mahometanos y en Israel, los fundamentalistas y los clérigos de pasan fiscalizando lo que se transmite a través de las ondas televisivas, en aras de castigar social y/o penalmente a los participantes de los programas que hayan cometido herejías, blasfemias y actos catalogados como religiosamente indecentes.

Dicho eso, es de saber que en algunos países mahometanos, como en Arabia Saudita, las autoridades castigan severamente a las personas que han realizado expresiones religiosamente indecentes a través de los medios de comunicación. Valga saber que algunas de las penas que los sistemas de justicia islámicos les imponen a esas personas son las siguientes: (a) confiscación de bienes; (b) latigazos públicos que, por sorprendente que parezca, pueden llegar hasta mil; (c) tratamientos psiquiátricos por parte de psiquiatras que están severamente embrutecidos con mahometismo.

Pero eso no es todo, valga saber que en casi todos los países mahometanos, los gobiernos tienen la facultad legal para cerrar los canales de televisión y las emisoras de radio si los participantes de los programas han realizado expresiones blasfemantes, heréticas y mahometanamente indecentes.[lxviii]

Otra cuestión que no podemos pasar por alto es la siguiente: muchos líderes religiosos, cuando desean que sus embrutecidos seguidores no vean ciertos programas televisivos, les dicen a estos últimos que dichos programas televisivos: (a) son satánicos; (b) fueron puestos en televisión por los inexistentes demonios.

Esto nos trae a la mente un caso relacionado con una serie de dibujos animados para niños. Al respecto, sepa que en algunas partes del mundo, varios líderes religiosos alegaron que la serie animada para niños y niñas llamada «Los Pitufos» era satánica. Lo que ocasionó que muchos progenitores que eran creyentes no les permitieran a sus hijos: (a) observar la serie animada; (b) poseer juguetes, accesorios y ropajes relacionados con Los Pitufos.[lxix]

Opinando sobre esto, tenemos que decir que las censuras de los líderes religiosos sobre ciertos programas o ciertos objetos son, por decir lo menos, acciones irresponsables, pendejas y, sobre todo, inmaduras.

Nos explicamos: los líderes religiosos, que también gozan de libertad de expresión, deberían utilizar fundamentos racionales al recomendarles a sus seguidores no apoyar ciertos programas o ciertos productos. Así, por ejemplo, los líderes religiosos podrían decirles a sus seguidores que no deben beber continuamente bebidas alcohólicas, ya que varios estudios han indicado que realizar lo anterior puede ocasionar serios daños físicos y mentales.

Por consiguiente, los líderes religiosos deben comprender que, al utilizar argumentos irracionales para alejar a sus esclavos mentales (sus feligreses) de ciertos objetos y de ciertas manifestaciones del arte, se proyectan ellos mismos como seres pendejos, embrutecidos e irracionales.

1. Ejemplos de la sección

Llegados a este punto de la discusión, entendemos que debemos plasmar varios ejemplos en aras de que se pueda entender de una mejor manera lo que hemos explicado. Y el primero de ellos proviene de la India; allí, en 2009, la empresa Sony sacó a la venta un videojuego llamado «**Hanuman: Boy Warrior**». Valga saber que Hánuman o Jánumat, en el hinduismo, es un dios mono altamente respetado que simboliza la fuerza. No le debe sorprender a nadie que una vez el videojuego fue lanzado al mercado, varias organizaciones hinduistas presionaron a la empresa antes indicada para que sacara el videojuego del mercado.[lxx]

Otro ejemplo sobre esto: una creadora de videojuegos sacó al mercado un juego de computadoras de alta calidad llamado «**Combatiente por la fe (Faith Fighter)**». En dicho juego, se presentaban «caricaturas de Jesús, Mahoma, Buda, Ganeza y Dios peleando entre sí sobre un trasfondo de edificios en llamas. Dios ataca con rayos y llamas mientras Mahoma puede invocar a un meteorito negro en combustión».[lxxi]

Una vez el juego salió al mercado: (a) se convirtió en un éxito entre los fanáticos de los videojuegos; y (b) fue censurado duramente por mahometanos y cristianos. Y esto último ocasionó que la creadora del videojuego lo retirara del mercado para evitar problemas con los creyentes.

Otro ejemplo que demuestra la censura de religiosa sobre la libertad de expresión de los artistas proviene de Italia, particularmente, de la Italia renacentista. Allí, la comunidad artística tuvo que ver y soportar que el líder religioso Girolamo Savonarola: (1) difamara, criticara y condenara a los artistas; (2) quemara y dañara *motu proprio* un sinnúmero de esculturas, de cuadros, de pinturas y de dibujos; (3) le ordenara a sus seguidores quemar en gigantescas hogueras un sinnúmero de esculturas, de cuadros, de dibujos y de pinturas.

Otro ejemplo sobre lo que venimos discutiendo proviene de Viena. Allí, en 2008, la herética comunidad cristiana difamó y criticó severamente un cuadro pintado por Alfred Hrdlicka, que se estaba exhibiendo en el museo de la Catedral de Viena. Las protestas llegaron hasta el nivel de que los embrutecidos religiosos lograron que el cuadro, **que tenía «la imagen de un Jesús inmerso en una orgía homosexual con los doce apóstoles»**, fuera retirado de la exhibición del museo.

Otro ejemplo sobre la censura religiosa sobre el arte proviene de Nuevo México, en Estados Unidos de América. Allí, en 2001, la herética comunidad cristiana protestó, difamó, criticó y tildó de sacrilegio una preciosa imagen digitalizada por la artista Alma López, que se estaba exhibiendo en el Museo de Arte Folclórico Internacional de Santa Fe. Las protestas llegaron hasta el nivel de que los embrutecidos cristianos lograron que la imagen digitalizada –**que tenía la «imagen de la Virgen María vistiendo un bikini floral»**– fuera retirada del museo antes de que concluyera el plazo de exhibición que se había establecido.

Otro ejemplo proviene de Nápoles, Italia. Allí, el artista Sebastiano Deva creó una pintoresca obra de arte, a saber, un **«crucifijo cubierto con un preservativo»**. Dicha obra de arte fue puesta en exhibición en el Museo de Nápoles, en 2009. Pero, luego de un tiempo, los fanáticos del cristianismo censuraron la exhibición, al punto de que se querellaron con la alcaldesa de la ciudad. Eso ocasionó que la alcaldesa, que estaba seriamente embrutecida con cristianismo, le ordenara al encargado del museo retirar la obra de arte.[lxxii]

Otro ejemplo, que trata sobre la censura religiosa sobre la libertad de expresión de los teatreros, proviene de España. Allí, el reputado actor Leo Bassi realizaba una obra teatral llamada **Revelación**, en la que criticaba duramente el cristianismo y defendía el maravilloso ateísmo con vehemencia. Esto tuvo las siguientes consecuencias: (1) que se hicieran protestas religiosas frente al teatro; (2) que se le presentara una querella al actor; y (3) que los idiotizados cristianos intentaran asesinar al artista, con una bomba que colocaron en el teatro.[lxxiii]

Otro ejemplo sobre lo anterior, que se relaciona con las expresiones artísticas de los actores de televisión, proviene de Israel. Allí, durante un programa de televisión de carácter humorístico, varios artistas se vacilaron hasta más no poder a la religión cristiana; a saber, ridiculizaron con palabras e imágenes al clavado y nunca existente Jesucristo y a la nunca existente virgen María.

Luego de un tiempo, lo anterior ocasionó: (a) que los censores del Estado de la Ciudad del Vaticano se comunicaran con el gobierno de Israel; y (b) que el gobierno de Israel, a petición del Vaticano, interviniera con los productores del programa televisivo y les impidieran volver a realizar comedias blasfemantes.[lxxiv]

Otro ejemplo relacionado con lo que venimos discutiendo se relaciona con la cantante de música pop **Madonna**. Veamos los hechos: durante su gira artística del 2006, la cantante antes mencionada realizaba en pleno escenario un magnífico acto de crucifixión muy parecido al que fue objeto el inexistente Jesucristo. Es decir, en dicho acto de crucifixión, la cantante aparentaba estar clavada en una cruz y se colocaba sobre su cabeza una corona de espinas.

Cuando la cantante se encontraba en Ámsterdam, Holanda, efectuando uno de sus fabulosos conciertos, le fue hecha una amenaza que decía que sería asesinada con una bomba, por un alocado sacerdote de la cabrona Iglesia católica que pretendía que la cantante no se «crucificara» con su corona de espinas, por considerar que dicho acto era una blasfemia. Sin embargo, afortunadamente, el alocado sacerdote «fue detenido casi inmediatamente después de realizar la amenaza...».[lxxv]

Como hemos visto, los últimos ejemplos plasmados estaban relacionados con el cristianismo y con el hinduismo. Ahora, veamos dos ejemplos provenientes del atolondrado mundo islámico. En el primero de ellos, que proviene de Afganistán, ocurrió lo siguiente: el inútil régimen Talibán se atrevió a destruir con dinamita, bajo protestas de la comunidad internacional, unas estatuas milenarias de Buda consideradas por la **Organización de las Naciones Unidas** como patrimonio de la humanidad, con el pretexto de que esas estatuas, de aproximadamente dos mil años de antigüedad, podrían causar que los pobladores del país: (1) abandonaran el violento islamismo; y (2) comenzaran a practicar el budismo.

No hay que ser muy inteligente para saber que este horripilante crimen cultural del régimen Talibán fue condenado por la comunidad internacional. Tanto así que:

(1) «la Asamblea General de las Naciones Unidas condenó la decisión de los líderes del gobierno afgano del Talibán de ordenar la destrucción de los monumentos budistas milenarios de Afganistán»;

(2) Hon Koichiro Matsuura, entonces Director de la Organización de las Naciones Unidas para la Educación, la Ciencia y la Cultura (UNESCO), criticó severamente las acciones del gobierno afgano del Talibán, hasta el extremo de que llegó a manifestar que «este crimen contra la cultura fue cometido mientras en todo el mundo se elevaban voces en contra. Los talibanes no tuvieron en cuenta ni la movilización internacional sin precedente ni la oposición expresada espontáneamente por las más altas autoridades religiosas del Islam.»[lxxvi]

Por último, otro desagradable ejemplo relacionado con el discriminante mahometismo proviene de Arabia Saudita; allí, en 2009, una persona divorciada manifestó en un programa televisivo cómo era su vida sexual. A saber, la persona manifestó: (a) que «mantuvo su primera relación sexual con una vecina del barrio cuando tenía 14 años»; y (b) enseñó los condones que guardaba «en un cajón de su habitación y varios elementos decorativos de marcado carácter sexual».[lxxvii]

No hay que ser muy inteligente para saber que lo anterior escandalizó a muchísimos de los clérigos mahometanos, al punto de que le exigieron al gobierno que tomara cartas en el asunto. Luego de presentada la querella, los tribunales del herético gobierno de Arabia Saudita determinaron que lo expresado por la persona a través del programa televisivo no era parte de la libertad de expresión, por lo que condenaron severamente al participante.

Valga saber que las penas que le impusieron los pendejos tribunales saudíes fueron las siguientes: (a) confiscación de su vehículo de motor y de su celular; (b) recibir mil latigazos en el nombre de la inexistente cosa esa llamada Alá; (c) pasar cinco años en prisión; y (d) recibir tratamiento psicológico por parte de psicólogos que estaban severamente embrutecidos con mahometismo. Pero eso no fue todo lo que hizo el Poder Judicial de Arabia Saudita; valga saber que también le ordenaron al canal televisivo en donde se produjeron las expresiones, que cerraran operaciones.[lxxviii]

VII. Religiosos en contra de la libertad de expresión de los homosexuales

Como sabemos, «la homosexualidad designa las relaciones entre hombres o mujeres que experimentan una atracción sexual, exclusiva o predominante, hacia personas del mismo sexo».[lxxix] Además de eso, también sabemos que el homosexualismo: (a) no tiene nada de malo; y (b) no es una enfermedad o trastorno mental.

Sin embargo, para muchísimos religiosos recalcitrantes, los homosexuales son seres abominables. Y esa pendeja creencia religiosa ha ocasionado a través de los siglos, que millones de religiosos cabrones hayan sentido placer al perseguir, multar, discriminar, azotar (con látigos), encarcelar y asesinar a los homosexuales.

Además de eso, no podemos perder de vista que muchísimos fanáticos religiosos, a través de los años, han hecho todo lo posible para coartarles los derechos que tienen los homosexuales a la libertad de expresión, a la libertad de pensamiento y a la libertad de reunión.

Teniendo en mente lo anterior, es de saber que para los homosexuales de estos tiempos todavía es peligroso: (a) decirle a su pareja consensual en un lugar público que le ama o que le quiere; (b) besarse públicamente con su pareja en algún lugar público. Inclusive, el peligro que corren los homosexuales es tan enorme en estos tiempos, que corren el peligro de ser agredidos, arrestados y asesinados por motivaciones religiosas mientras realizan manifestaciones públicas como grupo.

Esto nos hace recordar lo que ocurrió en la República de Gambia en 2008. Allí, el Hon. Yahya Jammeh, un desquiciado fundamentalista que funge como Presidente de la República de Gambia, declaró que «le cortarían la cabeza a cualquier homosexual que agarraran allí.»[lxxx]

1. Ejemplos de la sección

Llegados a este punto de la discusión, entendemos que debemos plasmar varios ejemplos en aras de que se pueda entender de una mejor manera lo que hemos explicado. El primer ejemplo que plasmaremos, que ocurrió en 2005, ocurrió en Israel. Allí, varios homosexuales que se encontraban participando en el desfile del **Orgullo Gay**, ejercitaban su derecho a la libertad de expresión pacíficamente. Y mientras hacían lo anterior, un cabrón judío que debería ser condenado a la pena de muerte sacó un arma blanca y apuñaló a tres homosexuales sin misericordia, por el simple hecho de ser homosexuales.[lxxxi]

Otro ejemplo sobre esto también proviene de Israel; allí, varios homosexuales se encontraban compartiendo en las facilidades de una asociación para homosexuales. Mientras se encontraban en ese lugar, se encontraban ejercitando su derecho a la libertad de expresión y de pensamiento pacíficamente. De momento, mientras los homosexuales se encontraban disfrutando en ese lugar, se personó un judío -- seriamente embrutecido con judaísmo-- con un poderoso rifle de asalto.

Y estando allí, la emprendió a tiros en contra de los homosexuales por el simple hecho de ser homosexuales. Como resultado de eso, dos personas murieron y otras diez resultaron gravemente heridas. Valga saber que la mayoría de las víctimas fueron adolescentes indefensos.[lxxxii]

VIII. Religión: el enemigo de la propia religión

Como todos y todas sabemos, a través de la historia todos los religiosos han estado luchando entre ellos mismos en aras de que sus embustes religiosos se conviertan en los principales embustes religiosos de la humanidad. Y para lograr lo anterior, los religiosos no han dudado en utilizar tácticas violentas, difamantes, sangrientas, discriminatorias y desagradables en contra de ellos mismos. Además de eso, no podemos pasar por alto que para lograr lo anterior, los religiosos también han estado restringiéndoles los derechos de libertad de expresión, de pensamiento y de culto a sus contrincantes religiosos.

Así, por ejemplo, la corta y sangrienta historia de la raza humana está llena de casos en donde hemos podido observar cómo los grupos religiosos dominantes les impedían a los minoritarios: (a) pregonar sus embustes religiosos minoritarios; (b) congregarse pacíficamente en aras de adorar a sus inventadas e inexistentes divinidades; (c) leer sus libros de cuentos de hadas sagrados (la Biblia, el Corán, la Sharia, la Torá, entre otros) favoritos.

También la historia está llena de casos en donde los grupos religiosos mayoritarios, en aras de impedir que los grupos religiosos minoritarios utilizaran sus derechos de libertad de expresión, de pensamiento y de culto para expandir sus embustes religiosos, mataban a todos los miembros de los grupos religiosos minoritarios que encontraran por ahí. De cierta manera, podemos decir que incurrían en actos de genocidio religioso.

Ahora bien, no podemos pasar por alto que en estos tiempos de modernidad, todavía podemos ver en algunos países actos como los señalados en el párrafo anterior. Es decir, todavía vemos cómo algunos grupos religiosos matan mujeres, niños, ancianos y líderes religiosos por el simple hecho de pertenecer a otros grupos religiosos.

Además, no podemos pasar por alto que en estos tiempos, en donde domina el imperio de la Ley, algunos grupos religiosos mayoritarios entablan procesos legales en contra de grupos religiosos minoritarios, en aras de que estos últimos no sean reconocidos por los estados como iglesias o grupos religiosos legítimos.

Y eso, como todos sabemos, está muy mal. Los tribunales no son los foros adecuados para establecer la legitimidad de un grupo religioso, eso les corresponde a los propios miembros de dichos grupos religiosos. Además, los tribunales tampoco tienen la legitimación para obligar a un grupo religioso a cambiar su nombre por el simple hecho de que tienen un nombre desagradable u ofensivo para otros grupos religiosos.

Así, por ejemplo, si un grupo religioso abre una iglesia con el nombre de **Los Santos Penes de Cristo y las Vaginas Peludas de María**, los tribunales tienen que aceptar dicho nombre, aunque sea ofensivo para los cristianos. El establecer el nombre de una iglesia es, para tenerlo claro, parte del derecho a la liberad de expresión y parte del derecho a la libertad de culto.

Habiendo discutido lo anterior, valga saber que nos recordamos de un caso que fue resuelto por los tribunales estadounidenses en 1974. En el importantísimo caso de **Universal Life Church vs United States of America**, el tribunal determinó que los tribunales: (a) no tienen la potestad legal para determinar si una práctica religiosa es legítima; (b) no pueden prohibir una práctica religiosa, a menos, claro está, que atente en contra de la paz, del orden público y/o de la seguridad nacional.[lxxxiii]

1. Ejemplos de la sección

Un ejemplo reciente sobre lo que venimos discutiendo proviene de Corea del Norte. Allí, por increíble que parezca, los funcionarios del gobierno han convertido en dioses humanos a Kim Il-sung y a su hijo, Kim Jong-il. Y eso ha provocado que en dicho país: (a) la libertad de expresión religiosa y la libertad de culto sea casi inexistente; (b) se cometan actos discriminantes, sangrientos y persecutorios en contra de los cristianos, de los mahometanos y de otros grupos religiosos minoritarios.

Valga saber que la situación es tan caótica en dicho país que: (a) algunos practicantes de las religiones minoritarias han sido enviados a las cárceles; (b) algunos de los líderes de las religiones minoritarias han sido ejecutados por el gobierno; (c) «el gobierno de Estados Unidos sostiene que el hecho de poseer una biblia en el país comunista puede ser motivo de torturas y desaparición...»; (d) que la Organización de las Naciones Unidas ha indicado en un informe, que en dicho país se «continúa sometiendo a los fieles cristianos a trabajos forzados, torturas, hambre y ejecuciones».[lxxxiv]

Otro ejemplo sobre lo que venimos discutiendo proviene de Suecia. Allí, un grupo religioso abrió una iglesia con el siguiente nombre: **Iglesia de la Virgen del Orgasmo**. En dicha iglesia, en donde sólo hay sacerdotisas, los feligreses celebran unos pintorescos cultos en donde «degustan frutas, recitan versos, beben zumos y practican el sexo.»[lxxxv]

Dicho eso, valga saber que varios grupos cristianos se enfadaron muchísimo cuando supieron de la existencia de esta iglesia. Y esos disgustos ocasionaron, posteriormente, que algunos grupos cristianos entablaran un pleito en los tribunales en aras de que la iglesia cambiara su nombre. Entonces, luego de varios trámites judiciales, un magistrado determinó que no se podía obligar a los miembros de la Iglesia de la Virgen del Orgasmo a cambiar el nombre de su iglesia.

Otro ejemplo sobre lo que venimos discutiendo proviene de Irak; allí, es común observar cómo todos los días del año, los fundamentalistas del mahometismo cometen actos desagradables y sangrientos en contra de los cristianos. Así, por ejemplo, en dicho país es común que los mahometanos se pasen colocando bombas en o cerca de los templos cristianos. Es de rigor indicar aquí que la persecución de los cristianos en Irak es tan grotesca, que «decenas de miles de cristianos se han visto obligados a huir al extranjero...».[lxxxvi]

Habiendo discutido lo anterior, tenemos que decir lo siguiente: la acción de los grupos religiosos mayoritarios de estar persiguiendo a los grupos religiosos minoritarios: (a) nunca debe ocurrir; (b) es una pendejada religiosa; y (c) son actos de egoísmo religioso. Nos explicamos.

En el mundo hay más de cuatro billones de creyentes que están hambrientos de religión, y esa enorme cantidad le permite a todos los grupos religiosos poder obtener una gran tajada de feligreses pendejos que estén dispuestos: (1) a pagarles los deseos y las deudas a los líderes religiosos; y (2) a seguir las instrucciones de los líderes religiosos sin vacilaciones.

IX. Religiosos en contra de la libertad de expresión en Internet

Por otro lado, todos sabemos que muchos artefactos y aplicaciones tecnológicas son y han sido una gran herramienta para llevar a cabo un sinnúmero de actividades cotidianas, pues nos han facilitado enormemente muchas de las actividades que realizamos regularmente, ya sea dándonos acceso más rápido a la información que necesitamos y buscamos y, además, permitiéndonos realizar un buen número de trámites relacionados con nuestras actividades habituales. Así, por ejemplo, podemos mencionar la fantástica red de Internet, pues, como sabemos, ésta nos ha permitido realizar un sinnúmero de cosas que hace muchos años sólo parecían cosas de películas.[lxxxvii]

Ahora bien, debe saberse que muchos religiosos están en contra de la utilización de ciertos artefactos tecnológicos. Inclusive, hay religiosos que desean que la red de Internet sea regulada, con el interés de que se prohíban las blasfemias, las críticas y las difamaciones en contra de la religión.

Esto nos hace pensar en lo que dijo la Iglesia católica en 2008. Durante ese año, los ricos que dirigen el Estado de la Ciudad del Vaticano, el estado más corrupto y pendejo del planeta, indicaron «que el teléfono móvil e Internet son malos para el alma».[lxxxviii]

Pero eso no es todo, valga saber que en algunos países los religiosos que controlan el gobierno han logrado bloquearles los accesos a los ciudadanos a portales de Internet: (1) con contenido ateo y/o agnóstico; (2) en donde se critican las religiones que practican; (3) en donde se venden libros con contenido ateo y agnóstico. Y el propósito de todo eso es para que los ciudadanos de dichos países, no puedan ver el otro lado de la moneda de sus prácticas religiosas, es decir, no desean que los ciudadanos sean expuestos a informaciones "negativas" en torno a sus religiones.

Valga saber que la mayoría de los portales de Internet que son bloqueados por los gobiernos dominados por religiosos son los llamados *blogs*. Esto es, en apretada síntesis, «una página Web que consta de entradas (o posts) en orden cronológico inverso, compuestas por texto, imágenes o incluso videos y audios, que normalmente permite a los visitantes dejar comentarios, y que, por último, se realiza mediante algún programa gratuito directamente desde la Web.»[lxxxix]

Además de lo anterior, es de saber que en algunos países mahometanos algunos "blogueros" han sido multados, arrestados y/o encarcelados por los gobiernos: (a) por diseminar informaciones negativas en torno al discriminante mahometismo; (b) por vacilarse algunas prácticas del discriminante mahometismo; y (c) por haber criticado las acciones de los macabros gobiernos mahometanos.

Otro asunto que debemos indicar, es que en algunos países mahometanos se han creado portales de Internet que, por razones islámicas, no le permiten a las mujeres participar. Y esa cuestión, aunque chocante, la podemos comprender. Recordemos que para los hombres islamitas que están severamente embrutecidos con islamismo, las mujeres deben ser meros objetos sexuales que, una vez paran hijos, deben dedicarse a cuidar hijos y a cumplir con los deseos sexuales y domésticos de sus esposos.[xc]

Otro dato que es imprescindible mencionar, es que muchos mahometanos alrededor del mundo se pasan navegando por la red de Internet en busca de imágenes del mequetrefe Mahoma. Y cuando las consiguen, hacen todo lo posible para que sean eliminadas, ya que «hacer y publicar ilustraciones de Mahoma es también blasfemia para sus seguidores. Y no estamos hablando de caricaturas burlonas, sino de cualquier imagen que se haga...».[xci]

Imagen de Mahoma producida en el siglo XV

Igualmente, es de saber que muchos líderes religiosos que no desean que sus esclavos mentales (sus feligreses) tengan contacto con tecnologías que permiten la diseminación de expresiones, les dicen que no utilicen dichos artefactos o aplicaciones tecnológicas: (a) debido a que son Satánicas; (b) debido a que fueron creadas por los inexistentes demonios en aras de alejarlos de sus creencias religiosas.

Habiendo discutido lo anterior, es importante decir ahora lo siguiente: los líderes religiosos siempre desean y han deseado tener el control de la mente de sus esclavos mentales, con el propósito de poder recolectar una buena cantidad de ofrendas. En la actualidad, los líderes religiosos se han percatado que los artefactos tecnológicos que permiten la diseminación de ideas, pueden lacerar severamente el control metal sobre sus feligreses.

Y de todas esas tecnologías, la más temida para los líderes religiosos y para los fundamentalistas religiosos es la red de Internet; pues ese fabuloso invento, que en Estados Unidos de América no está regulado por la Comisión Federal de Comunicaciones, le permite a la humanidad poder exponer informaciones ateas, agnósticas, religiosamente difamatorias e históricamente negativas en torno a las religiones. De ahí la razón por la cual usted puede ver que la inmensa mayoría de los líderes religiosos, buscan que los países regulen la Internet.

En fin, todo lo que hemos discutido lo podemos resumir con las palabras del teólogo Luís Rivera Pagán: «el propósito medular de las religiones que prohíben los avances tecnológicos no es otro que mantener control sobre sus seguidores».[xcii]

1. Ejemplos de la sección

Llegados a este punto de la discusión, entendemos que debemos plasmar varios ejemplos en aras de que se pueda entender de una mejor manera lo que hemos explicado. El primer ejemplo que plasmaremos proviene de Malasia, un país en donde la mayoría de los ciudadanos practican el mahometismo. Allí, «el bloguer disidente Raja Petra Kamarudin, conocido como RPK», escribió un blog titulado «**Islam de mentira para musulmanes de mentira.**» Y por eso, fue arrestado y sentenciado a dos años de cárcel por cometer el delito de insultar el Islam.[xciii]

Otro ejemplo sobre lo anterior proviene de Kuwait; allí, en 2008, el gobierno mahometano le ordenó «a los proveedores locales de servicios de Internet que bloqueen la página Web *YouTube* de intercambio de vídeos porque algunos clips pueden ofender a los musulmanes».[xciv]

Otro buen ejemplo sobre lo que venimos discutiendo proviene del Reino Unido; allí, los fundamentalistas que pertenecen al Consejo de la

Ciudad de Birmingham: (1) bloquearon todas las páginas de Internet con contenido ateo; y (2) les indicaron a los empleados que, durante horas laborales, no podían ver páginas de Internet con contenido ateo. Pero lo curioso de este caso, es que los fundamentalistas no hicieron actos como los señalados en contra de las páginas de Internet con contenido cristiano, budista, mahometano, judío o hinduista.[xcv]

X. Religión en contra de la libertad de expresión de los maestros de ciencias

Todo sistema educativo, tiene como finalidad proveerles a los menores las herramientas intelectuales necesarias para que, una vez lleguen a la adultez, se conviertan en adultos racionales e inteligentes. Y para lograr eso, los sistemas educativos tienen que sacar de los currículos todas aquellas cuestiones que pertenecen al mundo embustero-religioso.

Además de eso, no podemos pasar por alto que una educación racional también busca que los menores de edad, al llegar a la adultez, no se conviertan en meros instrumentos de algún religioso idiota que encuentren por ahí. Es decir, se busca que los menores, al llegar a la adultez, no se conviertan en unos pendejos que obedezcan y se crean todo lo que les digan sus líderes religiosos.

No hay duda de que si los menores llegan a la adultez con un pensamiento racional bien desarrollado, libre de supersticiones y pendejadas dogmáticas-religiosas, será altamente difícil que se conviertan en unos fundamentalistas. En resumidas cuentas, siempre debe tenerse presente que un ser humano «inteligente es muy difícil que pueda ser instrumento de nadie».[xcvi]

Ahora bien, la realidad de la vida nos demuestra que la inmensa mayoría de los fanáticos religiosos no desean que las personas sean inteligentes, o sea, no desean que sus pensamientos sean racionales, basados en datos científicos. Lo que los fanáticos religiosos desean es que las personas piensen de manera supersticiosa y dogmática.

Y para lograr lo anterior, lo que han hecho los fanáticos religiosos (inclúyase a muchos líderes religiosos) a través de los siglos es, tratar de interferir con la libertad de cátedra de los maestros que les imparten clases de ciencias a los menores de edad en las instituciones de educación. Así, por ejemplo, en muchísimos países se les ha impedido a los maestros de ciencias explicarles a sus estudiantes temas relacionados con la verdad científica llamada la evolución. Y ese impedimento religioso ha llegado al extremo de que en muchos países, algunos maestros han sido (o fueron) arrestados, censurados, encarcelados y/o multados por enseñarles a sus estudiantes la evolución.[xcvii]

Habiendo discutido lo anterior, entendemos prudente mencionar que «el adoctrinamiento religioso, la enseñanza dogmática...son prácticas pedagógicas contrarias al ideal de convivencia social democrática y, por ende, al encargo político y social de la educación».[xcviii]

Por ende, ningún gobierno debe permitir que por motivaciones religiosas, a los maestros (ya sean estos universitarios o escolares) se les coarten sus derechos a la libertad de cátedra. Tampoco los gobiernos deben permitir que los fundamentalistas religiosos: (a) dicten cómo es que se deben impartir los cursos de ciencias; (b) intenten sacar de los currículos la verdad científica (que está comprobada) llamada la evolución.

Profundizando un poco más sobre este último punto: valga saber que en algunos estados democráticos, muchos políticos están utilizando sus influencias y sus poderes políticos para impedir que en las instituciones de educación superior se ofrezcan charlas, seminarios y cursos estrictamente relacionados con la evolución. En Estados Unidos de América, algunos políticos han presentado resoluciones legislativas en aras de impedir y/o condenar que afamados científicos ofrezcan seminarios y charlas relacionadas con la evolución.

Por otro lado, entendemos necesario realizar un pequeño paréntesis para decir lo siguiente: la inmensa mayoría de los fanáticos religiosos (incluyendo a muchos líderes religiosos) desean que los maestros que dictan cursos a nivel intermedio y superior, utilicen los libros de cuentos de hadas sagrados (la Biblia, el Corán, la Sharia, la Torá, entre otros) como libros de texto. También desean que todos aquellos libros que tengan un contenido contrario a las opiniones de los líderes religiosos más influyentes, sean retirados de las escuelas.

No hay duda que todos esos deseos de los fanáticos religiosos han ocasionado, por decir lo menos, una «estiercolera» educativa en muchos estados. Así, por ejemplo, hay sistemas educativos en donde los fundamentalistas religiosos han logrado sacar de los currículos escolares libros: (a) que fomentan el trato digno hacia los homosexuales, hacia los ateos y hacia los practicantes de religiones minoritarias; (b) que describen la realidad de la vida como es, o sea, con crudeza; (c) que les enseñan a los niños temas relacionados con la educación sexual.

Y todo lo anterior, sin ninguna duda, son actos que atentan en contra de la libertad de expresión y de pensamiento de los escritores de dichos libros. Además, son actos que atentan en contra de la libertad de cátedra de los maestros.

Nosotros siempre hemos pensado que los únicos que tienen legitimación activa para sacar un libro (como una novela, un libro de cuentos o un libro de educación sexual) de los currículos escolares, por considerarse inadecuados para los estudiantes, son los escritores. Pues estos últimos, como expertos de la escritura que se pasan profundizando en sus pensamientos y analizando críticamente la realidad de la vida, tienen el conocimiento para determinar lo adecuado que puede ser un libro para un estudiante.

Por consiguiente, los libros que tengan un lenguaje obsceno, sexual y/o crudo no deben ser censurados por las autoridades escolares debido a motivaciones religiosas, máximamente si dichos libros son utilizados por estudiantes de nivel intermedio y superior. Siempre se debe recordar que «el deber de toda buena literatura es el conocimiento; destapar, no esconder ni camuflar, ni poner paños tibios».[xcix]

Las autoridades educativas no pueden estar complaciendo a los fanáticos religiosos cada vez que piden algo, y muchos menos cuando de asuntos educativos se trata. La experiencia enseña que el razonamiento mental de los fanáticos religiosos es muy limitado y arcaico para opinar sobre la calidad de un libro y sobre la calidad de un currículo escolar.

Si los fanáticos religiosos quieren censurar libros, les recomendamos que comiencen por los obscenos libros de cuentos de hadas sagrados (la Biblia, el Corán, la Sharia, la Torá, entre otros). Esos libros están llenos de lenguaje pendejo, burdo, discriminante, persecutorio e intolerante. Inclusive, esos libros están llenos de lenguaje que fomenta el asesinato y la persecución violenta de ateos, de homosexuales, de brujas y de practicantes de religiones minoritarias.

1. Ejemplos de la sección

Esto nos trae a la mente lo que ocurrió en Estados Unidos de América «durante los años veinte.» Allí, los cabrones fundamentalistas del cristianismo, lograron que se aprobaran leyes anti-ciencia en los estados de Arkansas, Mississippi, Oklahoma y Tennessee. Valga saber que dichas leyes cristianas les prohibieron a los maestros enseñarles a sus estudiantes, por increíble que parezca, datos relacionados con la evolución.[c]

Otro ejemplo proviene de Italia; allí, los fanáticos religiosos lograron que el gobierno sacara del currículo escolar toda información relacionada con la evolución. Además de eso, los cristianos fundamentalistas del gobierno italiano le prohibieron a los maestros, so pena de ser castigados administrativamente, que le mencionaran a los estudiantes cualquier tipo de información relacionada con la evolución.[ci]

Por otro lado, el tercer ejemplo, que proviene de Estados Unidos de América, ocurrió en 2009. En el estado de Oklahoma, un legislador que estaba severamente afectado de la mente debido a sus creencias cristianas, radicó una resolución legislativa para condenar el hecho de que un afamado biólogo presentara una charla sobre la evolución en la Universidad de Oklahoma.[cii]

Capítulo cuatro

Creyentes en contra de la libertad de expresión de los ateos y de los agnósticos

Como sabemos, un ateo es una persona que entiende que las cosas esas llamadas dioses no existen. La base de su pensamiento radica en que no hay ni una sola evidencia palpable (aunque sea microscópica) que demuestre que las cosas esas llamadas dioses existen. Todos los ateos piensan, correctamente, que los dioses han sido creaciones de la mente humana en aras de poder darle algo de sentido a la insignificante vida dentro de este planeta.

Habiendo dicho esto, es importante hacer una aclaración. El ateísmo «no es una forma de pensamiento negativa ni pesimista basada en la oposición ni en la falta de esperanza, sino todo lo contrario. El ateísmo es liberador, porque devuelve al hombre el gobierno y la responsabilidad de sus actos y de su destino. »[ciii]

Por su parte, valga saber que un agnóstico es una persona que no sabe si las cosas esas llamadas dioses existen. Además, un agnóstico entiende que es imposible saber si las cosas esas llamadas dioses existen. Por consiguiente, el agnóstico rechaza cualquier afirmación que indique: (1) que las cosas esas llamadas dioses existen; y (2) que las cosas esas llamadas dioses no existen. De cierta manera, podemos decir que el agnóstico rechaza la tesis principal de las religiones (que existen dioses buenos, dioses malos, poderes sobrenaturales, etc.) y la tesis principal de los ateos (que los dioses, que fueron creados a imagen y semejanza de los seres humanos, no existen).

Aunque la mayoría de los agnósticos se tienden a inclinar hacia el lado del ateísmo, podemos decir que dentro del agnosticismo hay mucha inseguridad filosófica. Además, los agnósticos, de cierta manera, mantienen la esperanza de que las cosas esas llamadas dioses existan. Muy dentro de sus fueros internos, que se tienden a manifestar en la oscuridad de las tinieblas (es decir, cuando están solos pensando), desean que existan las cosas esas llamadas dioses, pues podrían tener la oportunidad: (1) de ganarse los premios divinos; (2) de obtener respuestas.

Es de saber que los creyentes siempre han tratado de limitarles la libertad de expresión a los ateos y a los agnósticos. De cierta manera, podemos decir que los creyentes nunca han deseado que los ateos y los agnósticos diseminen sus mensajes.

Y en estos tiempos, los creyentes están haciendo todo lo posible para impedir que los ateos, entre otras acciones: (a) coloquen mensajes ateos en las vallas publicitarias que se colocan en las vías públicas y en los autobuses; (b) vendan libros de ateísmo en las principales librerías; (c) realicen manifestaciones públicas como grupo; (d) utilicen facilidades públicas, como instituciones de educación superior, para ofrecer charlas y seminarios relacionados con el maravilloso ateísmo.

Además de eso, en la inmensa mayoría de los países mahometanos, los gobiernos han bloqueado todas aquellas páginas de Internet con contenido ateo o agnóstico. Pero eso no es lo único que ocurre con la libertad de expresión de los ateos. Valga saber que en la mayoría de los países mahometanos, está totalmente prohibido vender libros ateos, escribir libros ateos y traducir libros ateos con el fin de venderlos.

Además de lo expuesto, hay que señalar que en algunos países democráticos también se realizan fuertes censuras en contra de la libertad de expresión de los ateos. Así, por ejemplo, en Estados Unidos de América, ya es común poder observar de vez en cuando cómo algunas de las empresas dedicadas a proveer servicios de Internet, cancelan los foros de discusión electrónicos con contenido ateo.[civ]

También es común observar en estos días cómo algunos municipios de estados democráticos (que casi siempre están dirigidos por creyentes), les niegan a los ateos los permisos correspondientes: (a) para realizar actividades en teatros y en salones de actividades públicas (b) para realizar manifestaciones públicas.[cv]

Pero eso no es lo único que vemos en los países democráticos en contra de los ateos. Valga saber que en algunos estados democráticos: (a) los políticos utilizan sus influencias para impedir que los ateos ofrezcan seminarios y/o conferencias en instituciones de educación superior; (b) vemos cómo algunos políticos radican resoluciones legislativas para condenar a ciertos ateos.[cvi]

Lo anterior no puede ser sorpresa para nadie. La historia demuestra que las religiones siempre han sido intolerantes con los ateos, al punto de que durante varios siglos los religiosos sentían enorme pasión al mutilar, agredir y asesinar a los ateos. En fin, debe quedar claro que a través de la historia, y todavía en el presente, «ser ateo ha sido tradicionalmente motivo de odios religiosos…».[cvii]

Pero algo que sorprende sobre la intolerancia religiosa hacia lo ateos es que en Norteamérica (Canadá y los Estados Unidos de América), el odio social hacia los ateos es enorme. Al respecto, valga saber que según una investigación realizada por la **Universidad de Minnesota**, en Norteamérica los ateos son el grupo minoritario que más es discriminado y odiado.[cviii]

Habiendo discutido lo anterior, es de saber que a través de la historia han sido varias las razones por las cuales los líderes religiosos y los fundamentalistas al servicio de los líderes religiosos han perseguido a los ateos. Pero una de las razones principales es que el ateísmo les demuestra a las personas que las religiones son «un gran negocio».[cix]

Otras de las razones es que el ateísmo le demuestra a las personas que las religiones son inmorales, ya que les enseñan a las personas a realizar buenas acciones en beneficio del prójimo a cambio de ganarse la inexistente vida eterna en un inexistente e imaginario paraíso galáctico.

Por último, no podemos dejar de mencionar que en algunos países algunos ateos o agnósticos están siendo discriminados, demandados, encarcelados, multados, agredidos, difamados y asesinados por el simple hecho de haber realizado creaciones ateas o agnósticas, como por ejemplo, libros, panfletos, canciones, videos y videojuegos.

I. Ejemplos del capítulo

Llegados a este punto de la discusión, entendemos prudente plasmar varios ejemplos que demostrarán cómo los religiosos han intentado coartarles el derecho a la libertad de expresión a los ateos y a los agnósticos.

El primero de ellos proviene de Turquía; allí, el gobierno les ordenó a los proveedores de servicio de Internet que bloquearan los accesos al portal del *Dr. Richard Dawkins*, un afamado ateo y Catedrático de la Universidad de Oxford que escribió un libro llamado *El espejismo de Dios*.[cx]

El segundo ejemplo, que guarda estrecha relación con el anterior, también proviene de Turquía. Allí, Erol Karaaslan decidió traducir y publicar el libro del Dr. Richard Dawkins llamado *El espejismo de Dios*, lo que ocasionó: (a) que se le radicaran cargos por blasfemia a Erol; (b) que varias organizaciones le pidieran a los tribunales que ordenaran confiscar las copias del libro antes indicado.

Entonces, luego de varios trámites judiciales, el juicio llegó a su fondo. Y el magistrado que presidió el juicio indicó: (a) que no se podía prohibir la venta del libro en Turquía; (b) que prohibir la venta del libro en Turquía sería un acto ilegal en contra de la libertad de expresión; (c) que no se podía acusar a Karaaslan de blasfemia.[cxi]

Por otro lado, este otro ejemplo, que ocurrió en 2008, proviene de la India. Allí, un profesor de ciencias escribió un libro con un contenido ateísta y comunista. Eso ocasionó que varios cabrones que practicaban el mahometismo le dieran una paliza al profesor, y que como consecuencia de ello muriera posteriormente.[cxii]

El cuarto ejemplo, que ocurrió en 2009, proviene del estado de Oklahoma, en Estados Unidos de América; allí, el honorable pendejo Todd Thomsen, legislador del estado antes mencionado, radicó una resolución legislativa (*R. 1015*) con el fin de que se condenara el seminario que el Dr. Richard Dawkins, un afamado ateo y Catedrático de la Universidad de Oxford, iba ha ofrecer en la Universidad de Oklahoma.[cxiii]

Capítulo cinco
Daños religiosos
a la libertad de expresión

Llegados a este punto de la discusión, entendemos prudente discutir algunos asuntos antes de culminar con la exposición del tema. Lo primero que tenemos que decir es que las restricciones, ya sean gubernamentales o religiosas, en «la circulación libre de ideas y opiniones, como así también la imposición arbitraria de información y la creación de obstáculos al libre flujo informativo, violan el derecho a la libertad de expresión.»[cxiv]

Lo segundo que tenemos que manifestar es, que la intromisión de la religión con la libertad de expresión le ha ocasionado serios daños a la libertad de prensa. Así, por ejemplo, algunos jefes de los medios noticiosos les han indicado a los reporteros: (a) que no publiquen artículos investigativos en donde se critiquen duramente las prácticas religiosas; (b) que no acompañen sus reportajes con imágenes que puedan ser catalogadas por los religiosos como ofensivas o antirreligiosas; (c) que no publiquen reportajes sobre los abusos sexuales que cometen los líderes religiosos.[cxv]

Pero en ocasiones, la intromisión de la religión con el periodismo llega al absurdo de que los periodistas, que deben tener plena libertad al escribir sus artículos, tienen que someter los artículos relacionados con temas religiosos a una agencia gubernamental, en aras de que sean aprobados antes de que salgan a la luz pública. Es decir, en muchos países, particularmente en la mayoría de los mahometanos, los religiosos han logrado establecer una censura previa en contra de los artículos periodísticos que tratan sobre la religión.

Por su parte, en torno a los escritores, valga saber que la intromisión de la religión con la libertad de expresión de los escritores ha ocasionado: (1) que algunas casas editoriales (que cada día que pasa son más) no publiquen libros antirreligiosos o con partes que puedan ser ofensivas para los religiosos; (2) que algunas librerías no quieran vender libros antirreligiosos; (3) que muchos distribuidores de libros no quieran distribuir libros antirreligiosos u ofensivos para los religiosos; (4) que algunas casas de publicación eliminen de los libros todas aquellas imágenes que puedan resultar ofensivas para los religiosos; (5) que muchos de los libros que exponen la corrupción dentro de las iglesias no quieran ser publicados; (6) que los autores y las editoriales sufran de actos de censura previa por parte de algunos gobiernos.[cxvi]

Teniendo en cuenta lo antes discutido, valga saber que la intromisión de la religión con la libertad de expresión de los periodistas y de los escritores también ha ocasionado graves daños económicos en algunos países. Pues los religiosos que están en el gobierno prohíben la venta, dentro de sus países, de libros y periódicos con contenido ateo, herético y, sobre todo, blasfemo. Pero ese no es el único inconveniente económico: en muchas ocasiones las revistas y los periódicos internacionales tienen que producir dos tipos de ejemplares de la misma edición. Unos van a los países en donde la libertad de expresión es permitida, y otros para los países en donde la religión no permite que la libertad de expresión sea plena.

Esto nos hace pensar en un caso que ocurrió en Francia; allí, los directores de la revista francesa «*L' Express International*», que se vende en muchas partes del mundo, publicaron un ejemplar que tenía en la portada la imagen del asesino, machista y violento Mahoma. Pero, como en el mundo islámico está prohibido por ley la representación de Mahoma en

Ismael Leandry Vega

dibujos o imágenes, los directores de la revista tuvieron que ordenar que se creara un ejemplar especial para el mundo mahometano. En ese ejemplar, le taparon la cara a la imagen de Mahoma.[cxvii]

Ahora bien, valga saber que las acciones de los directores de la revista no dieron resultados en algunos países mahometanos. Pues en algunos de ellos, como en Marruecos, se prohibió la venta del ejemplar por «perjudicar a la religión musulmana».[cxviii]

Véanse las variaciones en los ejemplares de la revista «L' Express Internacional».

Además de lo anterior, también tenemos que decir que la intromisión de la religión con la libertad de expresión de los escritores y de los periodistas ha ocasionado que muchos de ellos hayan tenido que abandonar su patria. Han sido muchísimos los escritores y los periodistas que, después de haber escrito informaciones negativas en torno a las religiones y/o a los líderes religiosos: (a) han recibido serias amenazas por parte de los gobiernos y/o por parte de fundamentalistas religiosos; (b) han tenido que irse al exilio en aras de salvarse.

Lo anterior nos hace pensar en lo que ha ocurrido en muchos países mahometanos. Al respecto, es de saber que el fundamentalismo islámico ha ocasionado que muchos escritores y periodistas hayan tenido que abandonar sus países. Por eso es que si usted sigue la literatura que escriben los escritores y periodistas árabes, usted notará que «...los más importantes escritores del mundo árabe están en el exilio».[cxix]

Por otro lado, en torno a los artistas, valga saber que la intromisión de la religión dentro de la libertad de expresión artística de los artistas ha ocasionado: (a) que muchas galerías de arte y muchos museos no quieran exponer obras que sean, desde el punto de vista de los creyentes, ofensivas para las religiones; (b) que algunos artistas tengan problemas para obtener dinero de sus obras de arte; (c) que los artistas sufran de actos de censura previa por parte del gobierno.[cxx]

Por su parte, en torno a la intervención de la religión con la libertad de expresión de los actores y de las actrices de la televisión, valga saber que dicha intromisión ha ocasionado: (a) que algunos programas de televisión se hayan cancelado por motivaciones religiosas; (b) que algunos funcionarios de los gobiernos le hayan exigido a los productores de los programas televisivos revisar los libretos (que es una censura previa), en aras de eliminar todo aquello que sea herejía y/o blasfemia.

Habiendo dicho todo lo anterior, es de notar que uno de los daños más serios que le ha ocasionado la religión a la libertad de expresión de los artistas, de los productores, de los escritores y de los periodistas es, lamentablemente, haber logrado implementar una censura previa de carácter religiosa. Y una *censura previa* es, en apretada síntesis:

> «La injerencia del Estado o sus delegaciones, para impedir el libre ejercicio de la libertad de expresión. La censura previa significa imposibilitar la libre

expresión a través de cualquier medio de comunicación, escrito o no, como el cine y las obras de arte, antes de que la idea sea emitida o publicada.».[cxxi]

En cuanto a esto último, es necesario recordar que la censura previa: (1) es una abominación; (2) es un serio atentado en contra de la libertad de expresión. Por eso es correcto decir que la censura previa, «interferencia o presión directa o indirecta sobre cualquier expresión, opinión o información difundida a través de cualquier medio de comunicación oral, escrito, artístico, visual o electrónico, debe estar prohibida por la ley.»[cxxii]

Por otro lado, otro asunto que debemos discutir es el asunto de que en algunos estados existen leyes que castigan la sagrada blasfemia. Al respecto, valga saber que blasfemar es utilizar «términos abusivos o insultos sobre asuntos considerados sagrados por cualquier religión y que causen ultraje a un número sustancial de seguidores de esa fe».[cxxiii]

Sobre esta cuestión, es morrocotudo decir que esas leyes les causan un enorme daño a la libertad de expresión, particularmente a la libertad de expresión de los ateos y de los científicos racionalistas. Y en lo tocante a estos últimos, valga saber que esas leyes pueden ocasionar que los científicos, que deben tener plena libertad para expresar los hallazgos de sus estudios y de sus opiniones racionalistas, puedan cohibirse de expresar sus ideas. Lo que puede poner en peligro la divulgación de la ciencia.

Por su parte, en lo tocante a los ateos, tenemos que decir que dichas leyes los exponen a ser castigados por el simple hecho de ser ateos. La idea principal del ateísmo, que establece que los dioses no existen porque han sido creaciones de la mente humana, configura sin más el delito de blasfemia.

Pero si seguimos profundizando intelectualmente sobre esta cuestión, veremos que dichas leyes pueden castigar a una persona por el simple hecho de insultar cosas que no existen, y eso es absurdo. Así, por ejemplo, se puede castigar a una persona por el simple hecho de decir que el dios de los cristianos, que no existe, es un divino cabrón.

Además de lo anterior, también hay que tener en cuenta que leyes como esas pueden afectar severamente la historia. Pues los historiadores, por temor a ser castigados por las leyes que penalizan la blasfemia, pueden negarse a publicar artículos o libros que contradigan algunas de las creencias de las religiones mayoritarias.

Habiendo discutido lo anterior, tenemos que decir que en estos tiempos, en donde existen tantos documentos internacionales que garantizan la libertad de expresión, legislaciones que penalizan la blasfemia no tienen cabida en ningún país. Toda persona tiene el derecho de manifestar blasfemias y herejías en contra de todas las religiones, aun en contra de las mayoritarias.

Los cabrones que aprueban (o han aprobado) leyes en contra de las blasfemia y de las herejías deben ser llevados ante la justicia internacional. Y si la justicia oficial no se encarga de esos inquisidores, entonces los ciudadanos deben aplicarle la justicia callejera, o sea, la ley de la jungla. Los inquisidores deben aprender, aunque sea a la fuerza, que el mundo ya no tolera persecuciones por motivaciones religiosas.

De ahí que todos los ciudadanos del mundo tengan el derecho de utilizar la fuerza bruta en contra de todos aquellos funcionarios públicos que, por motivaciones religiosas, deseen perseguirlos y encarcelarlos. Ese derecho proviene de las toneladas de sangre que derramaron nuestros antepasados debido a las persecuciones religiosas en contra de la blasfemia y la herejía.

No obstante lo anterior, la buena noticia es que muchos tribunales alrededor del mundo han indicado que es legal blasfemar, insultar y hacer comentarios despectivos en contra de las religiones. Así, por ejemplo, el **Tribunal Europeo de Derechos Humanos** (también denominado Tribunal de Estrasburgo y Corte Europea de Derechos Humanos) ha indicado que dentro de la Unión Europea se permiten «las publicaciones que puedan 'chocar, ofender o perturbar' los sentimientos religiosos, incluidos los islámicos, aunque los denunciantes o inquisidores invoquen la blasfemia o el libelo.»[cxxiv]

Teniendo en mente lo anterior, valga saber que los tribunales estadounidenses no tienen el poder para proteger a las religiones de todas aquellas expresiones desagradables y antirreligiosas que se les hagan. De hecho, es de saber que en el caso de **Linnermeir v. Board of Trustess of Purdue University**, 260 F. 3d. 953, se determinó lo siguiente: (1) «It is not the business of government to suppress real or imagined attacks upon a particular religious doctrine»; (2) «the state has no legitimate First Amendment interest in protecting any or all religions from views distasteful to them.»

Por otro lado, es de utilidad también conocer que la intromisión de la religión con la libertad de expresión también puede afectar severamente el libre movimiento de inmigrantes. Nos explicamos: en muchos países, aun en algunos que son democráticos en teoría y en práctica, se les niegan los permisos de inmigración a todas aquellas figuras públicas extranjeras que pertenecen al ámbito intelectual (escritores, académicos, músicos, artistas plásticos, pintores, escultores, entre otros) que, de cierta manera, han ofendido o criticado severamente a algún grupo religioso. Y ello, con el propósito de evitar que las expresiones antirreligiosas que puedan hacer esos intelectuales extranjeros: (a) puedan ofender las sensibilidades de ciertos grupos religiosos; (b) puedan desencadenar en disturbios locales.

Ahora bien, si profundizamos intelectualmente sobre lo anterior, podremos notar que hay algo bien revelador. Los gobiernos que hacen lo anterior, están certificando que dentro de sus países hay una gran cantidad de creyentes que están dispuestos a utilizar la violencia religiosa. Es decir, los gobiernos están certificando que dentro de sus territorios hay muchísimos pendejos que, por motivaciones religiosas, están dispuestos a coartar la libertad de expresión a través de métodos religiosamente violentos.

Habiendo dicho eso, tenemos que decir que los países que hacen lo anterior están actuando erradamente. La libertad de expresión no puede ser coartada por el simple hecho de que los creyentes puedan sentirse ofendidos. Tampoco es prudente que se le niegue la entrada a un país a un intelectual extranjero por el simple hecho de que ciertos grupos religiosos: (a) puedan sentirse ofendidos con la presencia de dicho intelectual; (b) puedan sentirse ofendidos por las palabras antirreligiosas que pueda decir el intelectual extranjero.

Por último, antes de cerrar este capítulo, es indispensable decir lo siguiente: todos los creyentes (religiosos) son fundamentalistas. Lo que varía en ellos es, indudablemente, el grado de fundamentalismo que embrutece sus pensamientos. Y lo malo de los fundamentalismos religiosos es que no desean que en el mundo exista paz, igualdad, tolerancia, libertad plena y ausencia de discrímenes. Por eso es correcto decir que «la intransigencia que caracteriza los fundamentalismos es un obstáculo para que se logre la igualdad y una sociedad que sea equitativa.»[cxxv]

Habiendo explicado lo anterior, entendemos prudente ofrecer una definición de lo que significa fundamentalismo. Al respecto, podemos definir fundamentalismo como:

«...cualquier pensamiento radical que considere los fundamentos en los que descansa su doctrina o ideología como inamovibles y absolutamente verdaderos. Una persona fundamentalista no admite posibles interpretaciones sobre la doctrina en la que cree y no tolera que alguien la relativice o limite su alcance.»[cxxvi]

Capítulo seis
Protección de la libertad
de expresión

Como sabemos, el ser humano es un ser libre por naturaleza. Es la sociedad la que establece cadenas de diferentes tipos para minimizar esa libertad natural. Y entre las cadenas que aprisionan la libertad de los seres humanos están las siguientes: (a) el Derecho basado en reglas de moral religiosa; (b) la religión; (c) las costumbres religiosas. Además de eso, no podemos negar que a través de la historia, ha existido una poderosa cadena que también se ha encargado de aprisionar la libertad del ser humano, y esa cadena son los deseos de los ricos y poderosos.

No hay duda que a través de la historia, los ricos y poderosos han hecho todo lo posible por esclavizar la libertad de los seres humanos. Y eso lo han realizado en interés de obtener beneficios para ellos mismos. Por eso es que entendemos que *Jean Jacques Rousseau* tiene toda la razón al decir que el ser humano «ha nacido libre y por doquiera se encuentra sujeto con cadenas.»[cxxvii]

Ahondando más sobre esto, valga saber que la cadena que más daño le ha causado a la libertad natural de los seres humanos ha sido, sin ningún género de dudas, la religión. La religión ha creado toda una gama de restricciones que le impiden a los seres humanos tener una libertad plena; y lo más lamentable de las cadenas religiosas es que muchas de ellas van encaminadas a encadenar la creatividad y el libre pensamiento de los seres humanos. Es decir, las religiones han hecho todo lo posible (y no podemos negar que han hecho un excelente trabajo) para enseñarles a los seres humanos: (a) a pensar de ciertas maneras restrictivas-religiosas; (b) a comportarse de ciertas maneras restrictivas-religiosas; (c) a manifestar sus pensamientos de ciertas formas.

También tenemos que tener presente que las religiones no han vacilado en utilizar acciones desagradables para encadenar los pensamientos de los seres humanos. Ya hemos visto que los religiosos han matado, difamado, encarcelado y asesinado en aras de imponerles sus cadenas religiosas a la humanidad. Además, no podemos olvidar que las religiones también han quemado, escondido y censurado libros en aras de imponerles las cadenas religiosas a la sociedad.

En fin, siempre debemos tener presente que los seres humanos somos unos animales que tenemos la capacidad de escribir y de transmitir la historia de generación en generación. Y eso ha ocasionado que los poderosos, los religiosos y los violentos siempre hayan querido «controlar el modo en el que se cuentan las historias. Quieren que se relaten a su manera. Porque sólo así controlan la condición humana».[cxxviii]

Habiendo dicho esto, las preguntas que nos debemos hacer ahora son las siguientes: (1) ¿qué debemos hacer para romper las cadenas religiosas que nos atan?; y (2) ¿qué debemos hacer para impedir que los religiosos nos aten con sus cadenas religiosas? Las respuestas para ambas preguntas son sencillas: pelear y resistir con todas nuestras fuerzas.

Por eso es que entendemos que los escritores, los artistas, los cineastas, los periodistas, los investigadores y los profesores tenemos la obligación de dar la primera batalla; y esa batalla es la intelectual. Debemos informar, escribir y criticar sobre todas aquellas acciones religiosas: (a) que han encadenado la libertad de expresión de la humanidad; (b) que desean encadenar la libertad de expresión de la humanidad; (c) que desean censurar, por motivaciones religiosas, la libertad de expresión y de pensamiento que tiene la humanidad.

Siempre tenemos que tener presente que nuestro principal trabajo es trabajar para ampliar las libertades de los seres humanos. Por eso es que todos los creadores (escritores, cineastas, artistas, profesores e investigadores) debemos seguir la recomendación que una vez nos dio **Ali Ahmad Said Asbar**, un afamado escritor sirio. Este manifestó en una ocasión que «la lucha de los creadores de todos los países no es otra que agrandar la libertad.» [cxxix]

Además de eso, las personas que somos ateas tenemos que hacer todo lo posible para expandir nuestro mensaje. Tenemos que hacer todo lo posible para informales a las personas que los dioses, que fueron creados a nuestra imagen y semejanza, no existen. Si más personas entran al ateísmo o al agnosticismo, mayores serán las posibilidades que las cadenas religiosas que atan sus pensamientos sean rotas. Y entre más personas rompan las cadenas religiosas que atan sus pensamientos, menos censuras religiosas existirán en el mundo.

Ahora bien, hay que aceptar que esa labor es titánica. Muchas personas jamás abandonarán sus creencias religiosas, ya que sus deseos de obtener la inexistente vida eterna son enormes. Siendo ello así, entendemos que por lo menos debemos hacer todo lo posible para que los creyentes respeten y amen la libertad de expresión, aún cuando las expresiones sean fuertes hacia sus creencias religiosas y hacia sus líderes religiosos.

En fin, todas las personas tienen que estar conscientes de que «hasta que el hombre no abandone esa visión monoteísta que proporciona verdades reveladas y absolutas, mientras triunfen esas religiones, siempre existirá la censura.» [cxxx]

Además de lo anterior, no podemos olvidar que todas las personas tenemos el deber de luchar: (a) por mantener nuestras libertades; (b) para ampliar nuestras libertades. Y si en esas luchas es preciso ser encarcelados o asesinados, pues que así sea, coño. Recordemos que las libertades, especialmente la libertad de expresión y de pensamiento, se defienden con la vida. Toda esta cuestión es como dijo una vez **Diógenes**: «el único medio de conservar el hombre su libertad es estar siempre dispuesto a morir por ella.»[cxxxi]

Pero independientemente del método que utilicemos para luchar por nuestras libertades, siempre tenemos que tener presente que el primer paso es no tener miedo. No podemos tener miedo de manifestar nuestras ideas, nuestros pensamientos y lo que deseamos. Ese es el primer paso hacia la amplitud de las libertades. Como dijo el escritor sirio **Ali Ahmad Said Asbar**: «la censura no desaparecerá hasta que la gente no hable, de manera expresa y literal, de lo que quiere y de lo que sueña.»[cxxxii]

Por otro lado, es importante decir lo siguiente: los jueces que componen los sistemas judiciales deben hacer todo lo posible: (a) para proteger la libertad de expresión de los ataques religiosos; (b) para ampliar el alcance de la libertad de expresión. Para lograr lo anterior, los jueces deben hacer todo lo posible, cuando sea necesario, de apartarse del derecho positivo injusto.

Como todos y todas sabemos, los jueces tienen el poder y el deber de hacer lo anterior cuando sea necesario, de eso se trata impartir justicia. Para los magistrados que tienen una excelente visión de lo que significan las palabras Justicia y Derecho, apartarse de las normas establecidas es algo sencillo. Además de eso, los magistrados de profunda capacidad intelectual siempre están conscientes de que «los tribunales tienen como función principal fortalecer y defender el estado democrático de derecho...».[cxxxiii]

Ismael Leandry Vega

Por eso es que nos parece sorprendente que en muchos países, muchos magistrados hayan tomado la decisión de restringir el derecho a la libertad de expresión a favor de la religión. Eso jamás debe ocurrir, los magistrados siempre deben preferir proteger el derecho a la libertad de expresión, que el derecho a la libertad de culto.

Además de eso, los magistrados nunca deben ser cómplices de los fundamentalistas religiosos, al contrario, deben hacer todo lo posible para luchar en contra de los fundamentalismos religiosos. Por eso es que todos los magistrados deben seguir el ejemplo de un caso que ocurrió en Argentina. Veamos los hechos.

El artista plástico León Ferrari, realizó una obra religiosa y erótica. En dicha obra aparecen Cristos, santos y vírgenes paridoras de muchachitos "ardiendo" en un infierno. Una vez la obra fue puesta en exhibición, los fundamentalistas del cristianismo se molestaron muchísimo, al punto de que: (a) catalogaron la obra como una blasfemia; (b) entraron al lugar en donde se exhibía la obra y «causaron destrozos a obras de arte»; y (c) presentaron un recurso en los tribunales para impedir la exhibición de la obra.

Luego de algunos trámites judiciales, los tribunales de Argentina (el **Tribunal Oral número 30** y la **Cámara de lo Contencioso Administrativo y Tributario**) determinaron: (1) que la exhibición del artista no podía ser censurada por los tribunales, ya que la exhibición de una obra es parte de la libertad de expresión del artista; (2) que los fundamentalistas cristianos eran unos despiadados criminales que tenían que ser castigados por el derecho penal.[cxxxiv]

Como se puede notar, los tribunales de Argentina realizaron un excelente trabajo. Pues, además de que no permitieron que los fundamentos pendejos-religiosos que utilizaron los religiosos (que la obra era una blasfemia) afectaran el derecho a la libertad de expresión del artista, también castigaron severamente a los fundamentalistas, es decir, no se hicieron cómplices del fundamentalismo pendejo-religioso.

Por otro lado, es importante señalar lo siguiente: todas y todos sabemos que todos los seres humanos tenemos que luchar en contra del fundamentalismo religioso que intenta, por todos los medios posibles, coartarnos nuestra libertad de expresión y de pensamiento. Ahora bien, lo que muchos protectores de la libertad de expresión y de pensamiento no saben, es que tienen una gran ventaja intelectual sobre los fundamentalistas religiosos. Y eso es maravilloso, ya que los argumentos que presenten en protección de la libertad de expresión y de pensamiento siempre serán más profundos, más convincentes y más racionales que los que puedan presentar los fundamentalistas religiosos.

Y eso, a su vez, también es maravilloso, pues se le podrá demostrar a la humanidad con argumentos y con pruebas sólidas, que los fundamentalistas religiosos desean coartar libertades, especialmente la libertad de expresión y de pensamiento, con estupideces, con pendejadas y, sobre todo, con argumentos severamente «brutalizados» con religión.

En fin, los protectores de las libertades, especialmente de la libertad de expresión y de pensamiento, le podrán demostrar al mundo: (1) que «desde un punto de vista filosófico, cualquier fundamentalismo se caracteriza por un rechazo sistemático del racionalismo y el cientifismo...»; y (2) que para los estúpidos fundamentalistas, «sólo la fe debe guiar la actitud del creyente.» [cxxxv]

Por otro lado, es importante indicar que, lamentablemente, el deseo religioso de restringir la libertad de expresión ha penetrado en todos los gobiernos del mundo. Y eso ha ocasionado que algunos países: (a) se hayan aprobado leyes que prohíben toda manifestación que critique las religiones; (b) se esté planificando aprobar leyes que restrinjan las críticas que se les hacen a las cabronas religiones.

Inclusive, valga saber que el deseo de restringir las críticas a las religiones también ha penetrado: (1) dentro de muchísimos organismos internacionales de elevada reputación; y (2) dentro de muchísimas universidades. En lo tocante al punto número uno, valga saber que la Organización de las Naciones Unidas está llena de fundamentalistas religiosos que creen que existen los inexistentes demonios y/o el inexistente y abominable monstruo come gente de siete cabezas.

Y decimos lo anterior debido a que en 2008, la **Asamblea General de la ONU** aprobó una herética resolución en donde se les pide a los países que castiguen todo tipo de crítica y difamación a las malditas religiones. Según los pendejos que aprobaron dicha pendeja resolución religiosa, el propósito «es impedir expresiones en contra de los credos religiosos como las caricaturas del profeta Mahoma aparecidas en 2005 en un diario de Dinamarca...».[cxxxvi]

No hay duda que lo anterior ha sido un gravísimo error de la Organización de las Naciones Unidas. Toda persona tiene el derecho de criticar y odiar las religiones, además, también tiene el derecho de exponer públicamente las estupideces y las pendejadas que se cometen en el nombre de las religiones.

No hay duda tampoco que una resolución como esa es bien peligrosa, pues los religiosos pueden tener una base para: (a) comenzar a perseguir por motivaciones religiosas; (b) confirmarle al mundo que los países que persiguen a los críticos de las religiones y a los ateos están haciendo lo correcto.

Pero también es peligrosa dicha resolución porque puede ser extendida a otros escenarios. Así, los pendejos que están en la ONU podrían aprobar una resolución que condene las críticas a los gobernantes, a los gobiernos, a los reyes y/o a la propia ONU.

En fin, todo ser humano con pleno goce de sus funciones cognoscitivas tiene que aceptar que «la libertad de practicar o no la fe, de alabar a la religión, o de ser crítico de la misma, o ignorarla, es un componente esencial de los conceptos de libertad y de derechos humanos.»[cxxxvii]

Por otro lado, es esencial tomar conciencia de que la libertad de expresión y la libertad de prensa deben protegerse con mayor ímpetu de los fanáticos religiosos durante las épocas de crisis económicas. Durante esas épocas, los creyentes aumentan sus visitas a las iglesias, sus aportaciones de ofrendas y sus lecturas de libros de cuentos de hadas sagrados. En fin, podemos decir que su fervor religioso aumenta significativamente.[cxxxviii]

Eso ocurre porque desean que sus inventados dioses y sus ilusorios poderes sobrenaturales les ayuden a resolver sus problemáticas socioeconómicas. Y como tienen la falsa esperanza de que ello ocurrirá, están dispuestos a defender sus creencias y a sus inexistentes dioses con más fuerza. En fin, no debe haber duda en que los fanáticos religiosos, a través de las censuras religiosas a todo aquello que ataque sus creencias religiosas, piensan que están realizando actos positivos que les permitirán recibir las divinas-ayudas esperadas.

Por otro lado, es importante decir lo siguiente: todas las malditas religiones, unas más que otras, son un atentando en contra: (a) de la creatividad humana; (b) del desarrollo de una mente racional y científica; (c) de la filosofía; (d) de la maravilla de pensar profunda y racionalmente. En fin, debe tenerse claro que las religiones, sólo por ser religiones, no fomentan que el ser humano piense con profundidad intelectual, especialmente, cuando de temas filosóficos se trata.

Lo que es más, las malditas religiones no fomentan ni quieren que los seres humanos piensen ni se expresen racionalmente en torno a los temas que aún la ciencia no ha podido brindarles respuestas. Para las religiones, todas aquellas preguntas que la ciencia no ha podido contestar ya están respondidas en los libros de cuentos de hadas sagrados (la Biblia, el Corán, la Sharia, la Torá, entre otros).

De cierta manera, podemos decir que las religiones y los líderes religiosos lo que fomentan dentro de sus congregaciones es la vaguería intelectual. Es muy fácil asignarles a dioses que no existen y a poderes sobrenaturales que no existen, la razón de ser de todos aquellos incompresibles eventos que ocurren dentro de este miserable planeta y en el expansivo Universo.

Por último, antes de cerrar este capítulo, es trascendental decir lo siguiente: con mucho pesar tenemos que decir que el mundo se dirige, en unos lugares más que en otros, hacia la perfección religiosa de la ideas y de las manifestaciones artísticas. Es decir, cada día que pasa podemos ver que el mundo se dirige a establecer como requisito para poder expresarse libremente, ya sea a través de palabras o de obras artísticas, que las expresiones no sean blasfemantes.

Por eso me atrevo a decir que, aunque la exposición de ideas blasfemas e irreligiosas ha cogido un auge sin precedente en estos días, poco a poco veremos que dicho auge disminuirá considerablemente. Comenzaremos a ver con más frecuencia cómo los fundamentalistas religiosos les impedirán a los artistas y a las personas exponer libre y públicamente sus ideas blasfemas y antirreligiosas.

Además de eso, también entendemos que llegará el momento en que la inmensa mayoría de las expresiones blasfemas y antirreligiosas sólo se podrán realizar a través de la Internet. Por eso entendemos que hay que hacer todo lo posible para proteger ese foro de todas esas regulaciones que intentan restringir la libertad de expresión.

Capítulo siete
Frases y pensamientos

1.   Es normal que los creyentes quieran restringir el derecho a la libertad de expresión y de pensamiento de sus críticos y de los ateos. No olvidemos que el ser humano es, inequívocamente, un animal egoísta. Por lo que desea que todas las personas que le rodeen piensen de la misma manera. Debe quedar más que claro que al ser humano, como regla general, no le gusta la disidencia ni el cambio.

Ismael Leandry-Vega

2.   Los creyentes que buscan acallar a los críticos de sus prácticas religiosas, de cierta manera, se sienten abochornados de sus propias prácticas religiosas. Odian que salgan a la luz pública las bochornosas verdades de sus religiones. Los creyentes saben, dentro de sus fueros internos, que las críticas que se les hacen a sus religiones son fundamentadas y reales.

Ismael Leandry-Vega

3.   Dentro de la escala de valores que tienen los derechos, el derecho a la libertad de expresión y de pensamiento está muy por encima del derecho a la libertad de culto.

Ismael Leandry-Vega

4.   El Derecho jamás debe permitir que se restrinja la libertad de expresión por el simple hecho de que los creyentes se sientan ofendidos.

Ismael Leandry-Vega

5. En estos días, la libertad de expresión se encuentra amenazada por los fundamentalismos religiosos.

Ismael Leandry-Vega

6. Toda persona que se desprecia así misma, desea que la libertad de expresión sea regulada por motivaciones religiosas.

Ismael Leandry-Vega

7. Todo ser humano, por más religioso que sea, ha manifestado en la oscuridad de las tinieblas pensamientos agnósticos.

Ismael Leandry-Vega

8. Los aspectos positivos de las religiones, en la inmensa mayoría de las ocasiones, han sido escritos por los propios creyentes.

Ismael Leandry-Vega

9. Los jueces jamás deben permitir que se restrinja la libertad de expresión por el simple hecho de que los creyentes se sientan ofendidos.

Ismael Leandry-Vega

10. Toda persona que desprecia la libertad de prensa, desea que los medios noticiosos no critiquen a las religiones.

Ismael Leandry-Vega

11. Si las religiones logran que la libertad de presa y la libertad de expresión sean restringidas por motivaciones religiosas, entonces es evidente que en algún momento intentarán volver a quemar y asesinar brujas, ateos y, sobre todo, blasfemantes.

Ismael Leandry-Vega

12. Millones de escritores, artistas, músicos, periodistas, historiadores y poetas, desde que se inventó el cristianismo, han sido perseguidos, discriminados, mutilados, quemados, encarcelados, desterrados y asesinados por motivaciones cristianas.

Ismael Leandry-Vega

13. Los religiosos, por su ceguera intelectual, no pueden ver las estupideces religiosas que dicen.

Ismael Leandry-Vega

14. Descorre la cortina de amor y paz que cubre al cristianismo, y sólo encontrarás actos malvados y desagradables en contra de la libertad de expresión y en contra de la libertad de prensa.

Ismael Leandry-Vega

15. El derecho a la libertad de culto, no es otra cosa que el derecho que tiene una persona para escoger cómo embrutecerá parte de su pensamiento racional con estupideces religiosas.

Ismael Leandry-Vega

16. La intromisión de la religión con la libertad de expresión, más tarde o más temprano, siempre redundará en perjuicio de la sociedad.

Ismael Leandry-Vega

17. Millones de escritores, artistas, músicos, periodistas, historiadores y poetas, desde que el asesino Mahoma se hizo líder del islamismo, han sido perseguidos, discriminados, mutilados, quemados, encarcelados, desterrados y asesinados por motivaciones islámicas.

Ismael Leandry Vega

18. Televisión, radio, centros comerciales, películas, eventos deportivos, eventos de belleza, pornografía y cines. No hay duda que la sociedad actual, aunque más educada, pasa menos tiempo profundizando en pensamientos importantes. No hay duda que el pensamiento de la mayoría de las personas va dirigido hacia la búsqueda de sexo, bienes insignificantes, comida y entretenimiento. Pero no me interpreten mal, no estamos diciendo que nunca se debe pensar en eso; lo que quiero decir es que a esos temas se le otorgan una prominencia absurda.

Ismael Leandry-Vega

19. Todo ser humano, por el mero hecho de existir, tiene el derecho de blasfemar y criticar las religiones. También tiene el derecho de que se le faciliten los medios necesarios para poder realizar lo anterior.

Ismael Leandry Vega

20. Los legisladores jamás deben permitir que se restrinja la libertad de expresión por el simple hecho de que los creyentes se sientan ofendidos.

Ismael Leandry-Vega

21. Las personas políticamente poderosas le tienen pánico a la libertad de expresión; todos los días de sus vidas suspiran al ver los distintos medios de comunicación masivos. Esas personas tienen la esperanza --cada vez que se levantan de sus camas-- de que no salgan a la luz pública informaciones negativas sobre ellas y/o sobre sus familiares.

Ismael Leandry-Vega

22. Es más peligro para la mente de un menor de edad exponerse a las sandeces que se han escrito en los libros de cuentos de hadas sagrados (la Biblia, el Corán, la Sharia, la Torá, entre otros), que a las revistas pornográficas. Por lo menos, las revistas pornográficas les enseñan a los jóvenes la belleza de la naturaleza humana.

Ismael Leandry-Vega

23. La intromisión de la religión con la libertad de prensa, más tarde o más temprano, siempre redundará en perjuicio de la sociedad y en perjuicio de la calidad periodística e investigativa.

Ismael Leandry-Vega

24. Todos(as) los(as) que se oponen a que en las escuelas los estudiantes reciban educación sexual de manera continua llevan, por así decirlo, a un fundamentalista religioso dentro de sus cerebros.

Ismael Leandry-Vega

25. En algunas circunstancias especiales, es necesaria la metralla para evitar que los fundamentalistas religiosos destruyan la libertad de expresión y la libertad de prensa.

Ismael Leandry-Vega

26. Todo ser humano, por el mero hecho de existir, tiene el derecho de expresar sus ideas libremente y, sobre todo, a que se les faciliten los medios necesarios para poder manifestar dichas ideas con libertad.

Ismael Leandry Vega

27. Si no tienes talento para nada, si no cursasteis estudios universitarios y si no provienes de una familia adinerada, te recomiendo que te conviertas en un embrutecedor de mentes, es decir, en un líder religioso (rabino, sacerdote, pastor, reverendo, imán, etc.); pues, de esa manera, tienes altas probabilidades de obtener dinero, lujos, bienes materiales y, si engañas a gran cantidad de personas con las babosadas religiosas, cierto grado de fama.

Ismael Leandry-Vega

28.   Yo soy pobre, o sea, tengo que luchar todos los días para llevar algo de comida a la mesa. A veces pienso en los ricos, y sólo encuentro que tienen una ventaja sobre nosotros, los pobres. Los ricos tienen la ventaja de que pueden esperar la muerte, que nos ocasionará a todos que nos salgan gusanos por el culo, de manera cómoda. Es decir, los ricos pueden esperar la muerte con el estómago lleno, con aire acondicionado, dentro de un auto lujoso y/o dentro de una alcoba lujosa y cómoda.

Ismael Leandry-Vega

29.   En circunstancias muy particulares, es necesaria la metralla para evitar que el Estado destruya la libertad de expresión y la libertad de prensa.

Ismael Leandry-Vega

Referencias

[i]Taslima Nasrin. (2007). *Sin Dioses.* Consultado el 1 de julio de 2007, de http://www.sindioses.org/frases.html.

[ii]Comisión Interamericana de Derechos Humanos. (2000). **Declaración de Principios sobre Libertad de Expresión.** Washington, D.C. Información consultada el 1 de septiembre de 2009, de http://www.cidh.oas.org/Basicos/Basicos13.htm.

[iii]**Francisco Franco Bahamonde.** (2006). *Proverbia.* Recuperado el 18 de agosto de 2006, de http://www.proverbia.net/.

[iv]**Charles James Fox.** (2009). *Proverbia.* Recuperado el 18 de agosto de 2009, de http://www.proverbia.net/.

[v]Léanse las expresiones de François de la Rochefoucauld, según citadas en: **El Gran Libro de las Citas Célebres.** (2005). Madrid, España.: *Dastin Ediciones*, pág.166.

[vi]Comisión Interamericana de Derechos Humanos. (2000). **Declaración de Principios sobre Libertad de Expresión.** Washington, D.C. Información consultada el 1 de septiembre de 2009, de http://www.cidh.oas.org/Basicos/Basicos13.htm.

[vii]Comisión Interamericana de Derechos Humanos. (2000). **Declaración de Principios sobre Libertad de Expresión.** Washington, D.C. Información consultada el 1 de septiembre de 2009, de http://www.cidh.oas.org/Basicos/Basicos13.htm.

[viii]**George Orwell.** (2006). *Proverbia.* Recuperado el 18 de agosto de 2006, de http://www.proverbia.net/.

[ix]**El Gran Libro de las Citas Célebres.** (2005). Madrid, España.: *Dastin Ediciones*, pág.166.

[x]**Petición para abolir la "Ley sobre la Blasfemia".** (2009). *Agencia Fides.* Recuperado el 30 de septiembre de 2009, de http://www.fides.org/.

[xi]**Llamado a limitar la libertad de expresión.** (2009, julio). Guaynabo, Puerto Rico.: *El Nuevo Día.* [Versión Electrónica].

[xii]**La libertad de expresión.** (2008). *Departamento de Estado de Estados Unidos, Oficina de Programas de Información Internacional.* Información consultada el 31 de diciembre de 2008, de http://www.america.gov/esp/.

[xiii]**Libertad de expresión.** (2008). Enciclopedia Microsoft Encarta Online 2008. *Microsoft Corporation.*: Redmond, WA. [Versión "online" en español]; léase, además: **La libertad de expresión.** (2008). *Departamento de Estado de Estados Unidos, Oficina de Programas de Información Internacional.* Información consultada el 31 de diciembre de 2008, de http://www.america.gov/esp/; Ian Kelly. (2009). **Libertad de expresión en el Hemisferio Occidental.** Washington, D.C.: *Departamento de Estado de Estados Unidos, Oficina de Programas de Información Internacional.* Información consultada el 24 de octubre de 2009, de http://www.america.gov/esp/.

[xiv]**Libertad de expresión.** (2008).Enciclopedia Microsoft Encarta Online 2008. *Microsoft Corporation.*: Redmond, WA. [Versión "online" en español].

[xv]Mario Vargas Llosa. (2007, 13 de mayo). **Prohibido mentir.** Guaynabo, Puerto Rico.: *El Nuevo Día.* Recuperado el 30 de mayo de 2007, de http://www.adendi.com/;**Genocidio Armenio.** (2009). Santa Fe, Argentina.: *Planeta Sedna.* Información consultada el 28 de diciembre de 2009, de http://www.portalplanetasedna.com.ar/malas18.htm.

[xvi]Mario Vargas Llosa. (2007, 13 de mayo). **Prohibido mentir.** Guaynabo, Puerto Rico.: *El Nuevo Día.* Recuperado el 30 de mayo de 2007, de http://www.adendi.com/.

xviiLa Policía alemana abre una investigación penal al obispo católico que niega el Holocausto. (2009, febrero). *RTVE*. Información consultada el 5 de febrero de 2009, de http://www.rtve.es/.

xviiiEl delito de la negación. (2006, 21 de febrero). *El Nuevo Día*. Guaynabo, Puerto Rico. Recuperado el 21 de febrero de 2006, de http://www.endi.com/.

xixPena de cárcel a historiador. (2006, 21 de febrero). *El Nuevo Día*. Guaynabo, Puerto Rico. Recuperado el 21 de febrero de 2006, de http://www.endi.com/.

xxMario Vargas Llosa. (2007, 13 de mayo). Prohibido mentir. Guaynabo, Puerto Rico.: *El Nuevo Día*. Recuperado el 30 de mayo de 2007, de http://www.adendi.com/.

xxiSubir Bhaumik. India: más muertes por "brujería". (2008, 13 de junio). *British Broadcasting Corporation (BBC)*. Londres, Reino Unido. Recuperado el 30 de diciembre de 2008, de http://news.bbc.co.uk/hi/spanish/news/. Por otro lado, debe leerse también: Tom Odula. Queman a 'brujas'. (2008, 24 de mayo). *El Nuevo Día de Orlando*. Orlando, Florida. [Versión Electrónica]; Queman a 11 personas en Kenia. (2008,21 de mayo). *Univision Communications Inc*. Los Ángeles, California. Recuperado el 12 de noviembre de 2008, de http://www.univision.com/.

xxiiLa religión de la paz: un musulmán mata a su hija por enamorarse de un católico. (2009). Francia, Unión Europea.: *Novo Press*. Información consultada el 28 de diciembre de 2009, de http://es.novopress.info/.

xxiii(Subrayado nuestro). Coral Bravo. (2009, septiembre). Justicia divina. *Red de Blogs Ateos*. Información consultada el 28 de septiembre de 2009, http://redatea.net/.

xxivCoral Bravo. (2009, septiembre). Justicia divina. *Red de Blogs Ateos*. Información consultada el 28 de diciembre de 2009, http://redatea.net/.

xxvSebnem Aarhus. (2009, julio). Turkish Court Acquits Author. *Harvard University, Pluralism Project*.: Cambridge, MA. Información consultada el 30 de septiembre de 2009, de http://www.pluralism.org/news/.

xxviFernando Savater. (2005). La laicidad explicada a los niños. *El País*. Madrid, España. Consultado el 29 de diciembre de 2008, de http://www.elpais.com/.

xxviiLéanse las palabras de José Saramago, Premio Nobel de Literatura, según citadas en: Glenys Álvarez, Ferney Yesyd Rodríguez & Marcelo Huerta San Martín. (2007). Frases racionales, de diversos orígenes. *Sin dioses*. Consultado el 29 de febrero de 2008, de http://www.sindioses.org/principal.html.

xxviiiLibertad de prensa. (2008).Enciclopedia Microsoft Encarta Online 2008. *Microsoft Corporation*.: Redmond, WA. [Versión "online" en español].

xxixDos periodistas españoles señalados 'enemigos del Islam' por Sudán. (2009, abril). *Terra, Noticias*. Madrid, España. Recuperado el 30 de mayo de 2009, de http://www.terra.com/noticias/; Imágenes de Mahoma en un libro de texto español crean polémica en Marruecos. (2009, febrero). *Diario ADN*. Madrid, España. Información consultada el 30 de septiembre de 2009, de http://www.adn.es/.

xxx(Subrayado nuestro). Imágenes de Mahoma en un libro de texto español crean polémica en Marruecos. (2009, febrero). *Diario ADN*. Madrid, España. Información consultada el 30 de septiembre de 2009, de http://www.adn.es/.

xxxi"Me han censurado en México". (2009, abril). *British Broadcasting Corporation (BBC)*. Londres, Reino Unido. Recuperado el 30 de septiembre de 2009, de http://news.bbc.co.uk/hi/spanish/news/; Marruecos prohíbe la difusión del semanario francés L'Express por atentar contra el Islam. (2008, 3 de noviembre). *El País*. Madrid, España. Consultado el 29 de diciembre de 2008, de http://www.elpais.com/.

xxxiiRobin Hindery. Golpes a la libertad de prensa. (2006, 3 de mayo). *El Nuevo Día*. Guaynabo, Puerto Rico. Recuperado el 3 de mayo de 2006, de http://www.endi.com/.

xxxiiiLeandry-Vega, I. (2008). **La maldad y la imbecilidad de tu Dios y de tu religión.** Morrisville, North Carolina.: *Lulu Press*, pp.24-25.

xxxivVisto para sentencia juicio apelación a revista por caricaturas de Mahoma. (2008, 23 de enero).*Terra, Noticias.* Madrid, España. Recuperado el 3 de abril de 2008, de http://www.terra.com/noticias/; **EEUU denuncia la condena a un periodista bielorruso por caricatura de Mahoma.** (2008, 24 de enero).*Terra, Noticias.* Madrid, España. Recuperado el 3 de abril de 2008, de http://www.terra.com/noticias/; para más información sobre actos violentos en contra de los ateos, léase: Ateismo desde México. (2007). **Manifiesto.** *México.* Consultado el 29 de febrero de 2007, de http://www.ateosmexicanos.com/.

xxxv"**Me han censurado en México**". (2009, abril). *British Broadcasting Corporation (BBC).* Londres, Reino Unido. Recuperado el 30 de septiembre de 2009, de http://news.bbc.co.uk/hi/spanish/news/.

xxxvi(Énfasis nuestro). Léanse las amenazantes palabras de Mohamed Yousaf Qureshi, líder religioso del Islam, en: Khan, R. "**1 millón por matar al caricaturista**". (2006, 18 de febrero). *El Nuevo Día* .Guaynabo, Puerto Rico. Recuperado el 18 de febrero de 2006, de http://www.endi.com/. Para ver más información sobre este incidente, véase: **Absuelven revista que publicó caricaturas de Mahoma.** (2007, 22 de marzo). *El Nuevo Día.* Guaynabo, Puerto Rico. Recuperado el 30 de marzo de 2007, de http://www.endi.com/; **$25 mil por la cabeza de caricaturista de Mahoma.** (2006, 17 de febrero). *Primera Hora.* Guaynabo, Puerto Rico. Recuperado el 17 de febrero de 2006, de http://www.primerahora.com/; **Amenazas palestinas por caricaturas.** (2006, 3 de febrero). *El Nuevo Día.* Guaynabo, Puerto Rico. Recuperado el 3 de febrero de 2006, de http://www.endi.com/; **Mahoma: liberan detenido.** (2008, 14 de febrero). *British Broadcasting Corporation (BBC).* Londres, Reino Unido. Recuperado el 16 de febrero de 2008, de http://news.bbc.co.uk/hi/spanish/news/.

xxxviiIan Kelly. (2009). **Libertad de expresión en el Hemisferio Occidental.** Washington, D.C.: *Departamento de Estado de Estados Unidos, Oficina de Programas de Información Internacional.* Información consultada el 31 de diciembre de 2009, de http://www.america.gov/esp/.

xxxviiiÓscar Caballero. (2009). **Juicio religioso en la patria de Atatürk.** Barcelona, España.: *La Vanguardia Ediciones.* Información consultada el 30 de septiembre de 2009, de http://www.lavanguardia.es/; Sebnem Arsu. **Turkish Court Acquits Author.** (2009, julio). *Harvard University, Pluralism Project.:* Cambridge, MA. Información consultada el 30 de septiembre de 2009, de http://www.pluralism.org/news/; **El escritor turco Nedim Gursel es juzgado por insultar al Islam en uno de sus libros.** (2009, mayo). *Federación Internacional de Ateos.* Valencia, España. Información consultada el 18 de agosto de 2009, de http://www.federacionatea.org/; **Renuncia a su cargo el obispo austríaco que llamó satánico a Harry Potter.** (2009, febrero). *El Confidencial.* Madrid, España. Información consultada el 30 de septiembre de 2009, de http://www.elconfidencial.com/; **El sacerdote que cree que Harry Potter es satánico.** (2009, febrero). *Infobae.:* Argentina. Consultado el 29 de julio de 2009, de http://www.infobae.com/interior/home.html; Steven Weisman. (1991). **Japanese Translator of Rushdie Book Found Slain.** *The New York Times.:* New York, NY. Recuperado el 29 de diciembre de 2008, de http://www.nytimes.com/; **Incendian la casa del editor británico de un polémico libro sobre Mahoma.** (2008, 28 de septiembre). España, Unión Europea.: *Diario ADN.* [Versión Electrónica].

xxxixLos Versos Satánicos, ¿de qué trata? (2009, febrero). *British Broadcasting Corporation (BBC).* Londres, Reino Unido. Recuperado el 30 de septiembre de 2009, de http://news.bbc.co.uk/hi/spanish/news/.

xlCohen, P. (2009, agosto). **Yale Press Bans Images of Muhammad in New Book.** New York, NY.: *The New York Times.* Recuperado el 29 de septiembre de 2009, de http://www.nytimes.com/;"**Me han censurado en México**". (2009, abril). *British Broadcasting Corporation (BBC).* Londres, Reino Unido. Recuperado el 30 de septiembre de 2009, de http://news.bbc.co.uk/hi/spanish/news/.

Religión, el enemigo numero uno de la libertad de expresión

^{xlii}Eduardo Lago. **Un simple contador de historias**. (2009, marzo). *El Nuevo Día*. Guaynabo, Puerto Rico. Recuperado el 30 de septiembre de 2009, de http://www.elnuevodia.com/.

^{xliii}(Subrayado nuestro). **Índice de libros prohibidos**. (2007). Enciclopedia Microsoft Encarta Online 2007. *Microsoft Corporation*.: Redmond, WA. {Versión "online" en español}; **Jean-Paul Sartre; la náusea de saberse libre.** (2008). *La Central.* Barcelona, España. Información consultada el 27 de abril de 2008, de http://www.lacentral.com/recorridos?idr=197.

^{xliii}**¡A la hoguera con Harry Potter!** (2002, 1 de enero). *British Broadcasting Corporation (BBC)*. Londres, Reino Unido. Recuperado el 25 de diciembre de 2007, de http://news.bbc.co.uk/hi/spanish/news/; léase, además: **El sacerdote que cree que Harry Potter es satánico.** (2009, febrero). *Infobae.*: Buenos Aires, República Argentina. Consultado el 29 de julio de 2009, de http://www.infobae.com/interior/home.html.

^{xliv}Eduardo Lago. **Un simple contador de historias**. (2009, marzo). *El Nuevo Día*. Guaynabo, Puerto Rico. Recuperado el 30 de septiembre de 2009, de http://www.elnuevodia.com/; **Ratifica Irán la validez de la condena a muerte contra Salman Rusdhie**. (2009, febrero). *La Jornada.* Ciudad de México, México. Recuperado el 30 de junio de 2009, de http://www.jornada.unam.mx/.

^{xlv}Eduardo Lago. **Un simple contador de historias**. (2009, marzo). *El Nuevo Día*. Guaynabo, Puerto Rico. Recuperado el 30 de septiembre de 2009, de http://www.elnuevodia.com/; léase, además: Steven Weisman. (1991). **Japanese Translator of Rushdie Book Found Slain**. *The New York Times.*: New York, NY. Recuperado el 29 de diciembre de 2008, de http://www.nytimes.com/.

^{xlvi}Leandry-Vega, I. (2008). **La maldad y la imbecilidad de tu Dios y de tu religión**. Morrisville, North Carolina.: *Lulu Press*, pp.121-122; **Irán prohíbe novela de García Márquez**. (2007). *British Broadcasting Corporation (BBC)*. Londres, Reino Unido. Recuperado el 30 de diciembre de 2008, de http://news.bbc.co.uk/hi/spanish/news/.

^{xlvii}Mónica Andrade. **La Iglesia invita a boicotear 'Ángeles y demonios', secuela de 'El código Da Vinci'.** (2009, abril). *British Broadcasting Corporation (BBC)*. Londres, Reino Unido. Recuperado el 30 de mayo de 2009, de http://news.bbc.co.uk/hi/spanish/news/; **Los falsos turistas que quebraron el cerco de Vaticano.** (2009, abril). *British Broadcasting Corporation (BBC)*. Londres, Reino Unido. Recuperado el 30 de septiembre de 2009, de http://news.bbc.co.uk/hi/spanish/news/; Jessica F. Peña, Alfafar. (2009, febrero). **La Iglesia rechaza el rodaje de un filme en sus templos que trata la clonación de Cristo.** *Levante-emv.* Información consultada el 23 de febrero de 2009, de http://www.levante-emv.com/; Almudena Muñoz Pérez. (2009, febrero). **La Iglesia Católica aclara "La duda" del espectador: películas condenadas por la Liga de Decencia.** *La Butaca.* Información consultada el 23 de febrero de 2009, de http://clasicos.labutaca.net/2009/02/01/la-iglesia-catolica-aclara-la-duda-del-espectador-peliculas-condenadas-por-la-liga-de-decencia/.

^{xlviii}Mónica Andrade. **La Iglesia invita a boicotear 'Ángeles y demonios', secuela de 'El código Da Vinci'.** (2009, abril). *British Broadcasting Corporation (BBC)*. Londres, Reino Unido. Recuperado el 30 de mayo de 2009, de http://news.bbc.co.uk/hi/spanish/news/; **Los falsos turistas que quebraron el cerco de Vaticano.** (2009, abril). *British Broadcasting Corporation (BBC)*. Londres, Reino Unido. Recuperado el 30 de septiembre de 2009, de http://news.bbc.co.uk/hi/spanish/news/.

^{xlix}**Daniel Craig contra los fundamentalistas cristianos**. (2007). *El País*. Madrid, España. Consultado el 29 de diciembre de 2008, de http://www.elpais.com/; Alison Flood. (2008). **Philip Pullman se muestra desafiante ante las protestas en EEUU contra La brújula dorada.** *Rebelión.* Información consultada el 11 de diciembre de 2008, de http://www.rebelion.org/noticia.php?id=73631.

^l(Subrayado nuestro). Sin embargo, sépase que la estrategia usada por muchos de los líderes religiosos no ha dado gran resultado, pues cientos de miles de feligreses han ido a ver la película a los cines y/o han leído la novela. Para más información sobre esto, véase el fabuloso artículo escrito por el artista Silverio Pérez, en: Pérez., S. (2006, 6 de junio). **El Código Da Aquí.**

Guaynabo, Puerto Rico.: *El Nuevo Día*. Recuperado el 6 de junio de 2006, de http://www.endi.com/; además, léase: **Hanks reacciona ante las críticas**. (2006, 12 de mayo). *British Broadcasting Corporation (BBC)*. Londres, Reino Unido. Recuperado el 30 de diciembre de 2006, de http://news.bbc.co.uk/hi/spanish/news/; **Cardenal critica el Código Da Vinci**. (s.f.). *British Broadcasting Corporation (BBC)*. Londres, Reino Unido. Recuperado el 30 de diciembre de 2007, de http://news.bbc.co.uk/hi/spanish/news/.

[li]Leandry-Vega, I. (2008). **La maldad y la imbecilidad de tu Dios y de tu religión**. Morrisville, North Carolina.: *Lulu Press*, pp.24-25.

[lii](Subrayado nuestro). Léanse las acertadas palabras del teólogo y científico español Miguel Servet, según se citan en: Jaume de Marcos. (2006). **Fragmentos de las obras de Miguel Servet**. *Unitaria Universalista*. Barcelona, España. Consultado el 31 de diciembre de 2007, de http://www.uuhispano.net/textos/Citas_Servet.PDF.

[liii](Énfasis nuestro). No dejen de leer sobre este particular a: **Miguel Servet**. (2002). *Los Monegros; Centro de Interpretación*. Consultado el 31 de diciembre de 2007, de http://miguelservet.monegros.net/serveto/serveto.html; además, léase a: **Servet y la circulación pulmonar; nuevas ideas desde la libertad**. (2003, 1 de diciembre). Muy Interesante. *Editorial Televisa Internacional*.: Distrito Federal, México, pp. 69-70; **Miguel Servet**. (2007). Enciclopedia Microsoft Encarta Online 2007. *Microsoft Corporation*.: Redmond, WA. [Versión "online" en español].

[liv](Énfasis nuestro). Sara Cuadrado. (2004). **Galileo**. Madrid, España.: *Edimat Libros*, pág. 59.

[lv]**Stephen Hawking dice que Juan Pablo II le pidió que no estudiara el origen del Universo**. (2006, 15 de junio). *20minutos*. Madrid. España. Recuperado el 20 de enero de 2008, de http://www.20minutos.es/.

[lvi]**Nicolás Copérnico y la teoría heliocéntrica**. (2005). *Astronomía Educativa; Tierra, Sistema Solar y Universo*. Consultado el 31 de diciembre de 2007, de http://www.astronomia.com/biografias/copernico.htm.

[lvii](Subrayado nuestro). Sara Cuadrado. (2004). **Galileo**. Madrid, España.: *Edimat Libros*, pp. 70-71.

[lviii]Sara Cuadrado. (2004). **Galileo**. Madrid, España.: *Edimat Libros*, pp. 131-132.

[lix]Renato Castellani [director]. (2003). **The life of Leonardo Da Vinci; the most brilliant mind in history**: Roma, Italia. *Questar*. [documental]; Lyons, L. (2005). **Historia de la tortura**. *Editorial Diana*.: Distrito Federal, México, pág.159.

[lx]Leandry-Vega, I. (2008). **La maldad y la imbecilidad de tu Dios y de tu religión**. Morrisville, North Carolina.: *Lulu Press*, pp.94-96.

[lxi]**Retiran obra de crucifijo cubierto con un condón**. (2009, marzo). *El Nuevo Día*. Guaynabo, Puerto Rico. Recuperado el 30 de septiembre de 2009, de http://www.elnuevodia.com/.

[lxii]**Retiran de Web videojuego de pelea Cristo vs. Mahoma**. (2009, 28 de abril). *El Universal*. México City, México. Información consultada el 21 de septiembre de 2009, de http://www.eluniversal.com.mx/noticias.html; **Sony podría retirar el juego que ofende a los hindúes**. (2009). *Vandal Online*.: Madrid, España. Información consultada el 7 de mayo de 2009, de http://www.vandal.net/; **A la caza y captura de los videojuegos blasfemos**. (2008). *Diario ADN*. España, Unión Europea. Información consultada el 27 de diciembre de 2008, de http://www.adn.es/cultura/20081205/NWS-0006-videojuegos-blasfemos-captura-caza.html.

[lxiii]**Clérigos saudíes piden prohibir imágenes de mujeres en TV**. (2009, marzo). *Univision Communications Inc*. Los Ángeles, California. Recuperado el 14 de septiembre de 2009, de http://www.univision.com/.

[lxiv]**Sony retira Pequeño Gran Planeta**. (2008, 20 de octubre). *British Broadcasting Corporation (BBC)*. Londres, Reino Unido. Recuperado el 30 de diciembre de 2008, de http://news.bbc.co.uk/hi/spanish/news/.

lxvObispos filipinos quieren prohibir varios éxitos pop por su contenido sexual. (2009, agosto). Las Palmas de Gran Canaria, España.: *Editorial Prensa Ibérica (La Provincia)*. Información consultada el 30 de septiembre de 2009, de http://www.laprovincia.es/; **Ataque a un centro gay en Israel.** (2009, agosto). Londres, Reino Unido.: *British Broadcasting Corporation (BBC)*. Recuperado el 30 de septiembre de 2009, de http://news.bbc.co.uk/hi/spanish/news/; **Temblando ante Dios.** (2001). *British Broadcasting Corporation (BBC)*. Londres, Reino Unido. Recuperado el 30 de diciembre de 2007, de http://news.bbc.co.uk/hi/spanish/news/.

lxviClérigos saudíes piden prohibir imágenes de mujeres en TV. (2009, marzo). *Univision Communications Inc.* Los Ángeles, California. Recuperado el 12 de noviembre de 2009, de http://www.univision.com/.

lxviiEl Vaticano obtiene la censura de un programa televisivo de humor en Israel. (2009, febrero). *EcoDiario.* Información consultada el 23 de febrero de 2009, de http://ecodiario.eleconomista.es/; **Retiran apoyo a televisora por dudar de que Dios creó el mundo en seis días.** (2009, febrero). *El Universal.* México City, México. Recuperado el 20 de junio de 2009, de http://www.eluniversal.com.mx/noticias.html.

lxviiiMil latigazos y cinco años de cárcel por contar en televisión su vida sexual. (2009, octubre). Guaynabo, Puerto Rico.: *Primera Hora.* [Versión electrónica].

lxixTrasnochado comentario de la televisión sobre Los Pitufos. (2005). *Noticia Cristiana.* Santiago de Chile, República de Chile. Información consultada el 30 de diciembre de 2008, de http://www.noticiacristiana.com; Jara, X. (s.f.). **Esos Endemoniados Pitufos.** *Chile.com.* Información consultada el 3 de febrero de 2009, de http://www.chile.com/tpl/articulo/detalle/ver.tpl?cod_articulo=52145.

lxxSony podría retirar el juego que ofende a los hindúes. (2009). *Vandal Online.*: Madrid, España. Información consultada el 7 de mayo de 2009, de http://www.vandal.net/.

lxxiRetiran de Web videojuego de pelea Cristo vs. Mahoma. (2009, 28 de abril). *El Universal.* México City, México. Recuperado el 20 de septiembre de 2009, de http://www.eluniversal.com.mx/noticias.html.

lxxiiRetiran obra de crucifijo cubierto con un condón. (2009, marzo). *El Nuevo Día.* Guaynabo, Puerto Rico. Recuperado el 27 de septiembre de 2009, de http://www.elnuevodia.com/.

lxxiii(Énfasis nuestro). Para ver en más detalle lo que venimos discutiendo, léase: Renato Castellani [director]. (2003). **The life of Leonardo Da Vinci; the most brilliant mind in history**: Roma, Italia. *Questar.* [documental]; **Polémica en Viena por cuadro de Jesús.** (2008, 8 de abril). *Primera Hora.* Guaynabo, Puerto Rico, pág. 37; **Atacan La Revelación.** (2006, 2 de marzo). *British Broadcasting Corporation (BBC).* Londres, Reino Unido. Recuperado el 30 de diciembre de 2007, de http://news.bbc.co.uk/hi/spanish/news/; **Ponen una bomba en el camerino de Leo.** (2006). *20minutos.* Madrid. España. Recuperado el 20 de enero de 2008, de http://www.20minutos.es/; **En defensa de la Madonna en bikini.** (2001, 29 de mayo). *British Broadcasting Corporation (BBC).* Londres, Reino Unido. Consultado el 30 de diciembre de 2007, de http://news.bbc.co.uk/hi/spanish/news/; **Causa indignación Virgen con bikini.** (2001, 6 de abril). *British Broadcasting Corporation (BBC).* Londres, Reino Unido. Consultado el 30 de diciembre de 2007, de http://news.bbc.co.uk/hi/spanish/news/.

lxxivEl Vaticano obtiene la censura de un programa televisivo de humor en Israel. (2009, febrero). *EcoDiario.* Información consultada el 23 de febrero de 2009, de http://ecodiario.eleconomista.es/.

lxxvSacerdote amenaza con bomba a Madonna. (2006, 8 de septiembre). *El Nuevo Día.* Guaynabo, Puerto Rico. Recuperado el 8 de septiembre de 2006, de http://www.endi.com/.

lxxvi(Énfasis nuestro). **Confirman la destrucción de los Budas.** (2001, 13 de marzo). *La Nación.* Buenos Aires, Argentina. Información consultada el 31 de diciembre de 2007, de http://www.lanacion.com.ar/; **La ONU condena al Talibán.** (2001, 10 de marzo). *British Broadcasting Corporation (BBC).* Londres, Reino Unido. Recuperado el 30 de diciembre de 2007, de http://news.bbc.co.uk/hi/spanish/news/; **Annan: "Talibán se perjudica".** (2001, 11 de marzo). *British Broadcasting Corporation (BBC).* Londres, Reino Unido. Recuperado el 30 de diciembre de 2007, de http://news.bbc.co.uk/hi/spanish/news/; **Borrar el pasado.** (2001, 10 de marzo). *British Broadcasting Corporation (BBC).* Londres, Reino Unido. Recuperado el 30 de diciembre de 2007, de http://news.bbc.co.uk/hi/spanish/news/; **Talibán: guerra sin cuartel a las estatuas.** (2001, 2 de marzo). *British Broadcasting Corporation (BBC).* Londres, Reino Unido. Recuperado el 30 de diciembre de 2007, de http://news.bbc.co.uk/hi/spanish/news/; **Destrucción de budas casi completa.** (2001, 10 de marzo). *British Broadcasting Corporation (BBC).* Londres, Reino Unido. Recuperado el 30 de diciembre de 2007, de http://news.bbc.co.uk/hi/spanish/news/; **Talibán: barrer con las estatuas.** (2001). *British Broadcasting Corporation (BBC).* Londres, Reino Unido. Recuperado el 30 de diciembre de 2007, de http://news.bbc.co.uk/hi/spanish/news/.

[lxxvii]**Mil latigazos y cinco años de cárcel por contar en televisión su vida sexual.** (2009, octubre). Guaynabo, Puerto Rico.: *Primera Hora.* [Versión electrónica].

[lxxviii]**Arrestado por hablar de sexo.** (2009, 25 de julio). Madrid, España.: *El Mundo.* Consultado el 29 de diciembre de 2009, de http://www.elmundo.es/;**Mil latigazos y cinco años de cárcel por contar en televisión su vida sexual.** (2009, octubre). Guaynabo, Puerto Rico.: *Primera Hora.* [Versión electrónica].

[lxxix]Las Siervas de los Corazones Traspasados de Jesús y María. (1999). **Homosexualidad.** Florida, EEUU. Información consultada el 30 de junio de 2009, de http://www.corazones.org/moral/homosexualidad.htm.

[lxxx]Eugenio Hopgood Dávila. **Contra el fundamentalismo el desfile arco iris: la actividad se realizará el domingo próximo del Condado a Puerta de Tierra.** (2008, 26 de mayo). *El Nuevo Día.* Guaynabo, Puerto Rico. [Versión Electrónica]; **Presidente de Gambia amenaza con cortar la cabeza a homosexuales.** (2008). Madrid, España.: *Noticias Terra.* Recuperado el 9 de diciembre de 2008, de http://www.terra.com/noticias/.

[lxxxi]**Ataque a un centro gay en Israel.** (2009, agosto). Londres, Reino Unido.: *British Broadcasting Corporation (BBC).* Recuperado el 30 de septiembre de 2009, de http://news.bbc.co.uk/hi/spanish/news/.

[lxxxii]**Ataque a un centro gay en Israel.** (2009, agosto). Londres, Reino Unido.: *British Broadcasting Corporation (BBC).* Recuperado el 30 de septiembre de 2009, de http://news.bbc.co.uk/hi/spanish/news/. Por otro lado, también debe leerse: Eugenio Hopgood Dávila. **Contra el fundamentalismo el desfile arco iris: la actividad se realizará el domingo próximo del Condado a Puerta de Tierra.** (2008, 26 de mayo). *El Nuevo Día.* Guaynabo, Puerto Rico. [Versión Electrónica]; **Religiosos judíos, católicos y musulmanes, contra Marcha del Orgullo Gay en Jerusalén.** (2005, 31 de marzo). *Noticia Cristiana.* Información consultada el 18 de agosto de 2008, de http://www.noticiacristiana.com/.

[lxxxiii]North American Theological Society. (2009). **Accreditation.** Oakland County, Michigan. Información consultada el 30 de junio de 2009, de http://nats.50webs.org/accreditation.html.

[lxxxiv]**Ejecuciones de cristianos en Corea del N.** (2009, julio). Londres, Reino Unido.: *British Broadcasting Corporation (BBC).* Recuperado el 30 de septiembre de 2009, de http://news.bbc.co.uk/hi/spanish/news/; **Cien mil cristianos en las prisiones de Corea.** (2006). *Noticia Cristiana.* Santiago de Chile, República de Chile. Información consultada el 30 de diciembre de 2008, de http://www.noticiacristiana.com.

[lxxxv]**La Iglesia de la Virgen del Orgasmo, a punto de inscribirse como culto oficial en Suecia.** (2008). Madrid, España.: *Escepticismo.* Información consultada el 28 de diciembre de 2009, de http://www.escepticismo.es/religiones/Noticias-religiones/.

[lxxxvi]**Atacan iglesias en Irak.** (2009, julio). Londres, Reino Unido.: *British Broadcasting Corporation (BBC).* Recuperado el 30 de diciembre de 2009, de http://news.bbc.co.uk/hi/spanish/news/; Léase, además: **Asesinan a tres cristianos en la ciudad iraquí de Mosul.** (2008, octubre).

Milenio. Consultado el 29 de diciembre de 2008, de http://www.milenio.com/node/92457; Andrew E. Kramer. **Pagar para no morir: los cristianos iraquíes tuvieron que entregar dinero con regularidad a los insurgentes para que no los mataran.** (2008, 28 de junio). *The New York Times, El Nuevo Día.* Guaynabo, Puerto Rico. Recuperado el 30 de junio de 2009, de http://www.adendi.com/; **Hallan muerto a arzobispo de Mosul.** (2008, 13 de marzo). *British Broadcasting Corporation (BBC).* Londres, Reino Unido. Recuperado el 30 de diciembre de 2008, de http://news.bbc.co.uk/hi/spanish/news/.

lxxxviiLeandry-Vega, I. (2007). **Vigilancia electrónica por cámaras de seguridad.**: San Juan, Puerto Rico. *Ediciones Situm,* pp.1-2.

lxxxviiiEl Vaticano asegura que el teléfono móvil e Internet son malos para el alma. (2008). *20minutos.* Madrid. España. Recuperado el 27 de diciembre de 2008, de http://www.20minutos.es/.

lxxxixJosé Antonio Millán. (2007). **Blog.** *Vocabulario de ordenadores e Internet.* Información consultada el 13 de junio de 2009, de http://jamillan.com/v_blog.htm.

xcUna web árabe promueve un "YouTube" sin mujeres ni música. (2009). Madrid, España.: *Noticias Terra.* Recuperado el 30 de septiembre de 2009, de http://www.terra.com/noticias/.

xciAndrés Miñones. (2009). **Blasfemias y almas sensibles.** Buenos Aires, Argentina.: *Ateo Militante.* Información consultada el 31 de octubre de 2009, de http://ateomilitante.com.ar/inicio/.

xciiGloria Ruiz Kuilan. **Tecnología "satánica".** (2008, 6 de julio). *El Nuevo Día.* Guaynabo, Puerto Rico. Recuperado el 31 de diciembre de 2008, de http://www.elnuevodia.com/.

xciiiMalasia condena a un bloguer opositor a dos años de prisión por criticar el Islam. (2008, 23 de septiembre). *El Mundo.*: Madrid, España. Consultado el 29 de diciembre de 2008, de http://www.elmundo.es/.

xciv(Énfasis nuestro). **Kuwait ordena bloquear YouTube por sus contenidos anti-Islam.** (2008, septiembre). *El Economista.* Madrid, España. Consultado el 29 de diciembre de 2008, de http://www.eleconomista.es/; léase, además: **Indonesia pide bloquear YouTube por film anticoránico.** (2008, 2 de abril). *Reuters.* South Colonnade, Canary Wharf, London. Recuperado el 18 de agosto de 2008, de http://lta.today.reuters.com/; Eliezer Garrido Ferradanes. (2008, febrero). **Pakistán bloquea el acceso a YouTube.** *Siliconnews; VNU Business Publications España S.A.* Consultado el 25 de diciembre de 2008, de http://www.siliconnews.es/; **Pakistán y el bloqueo de YouTube.** (2008, 26 de febrero). *British Broadcasting Corporation (BBC).* Londres, Reino Unido. Recuperado el 30 de diciembre de 2008, de http://news.bbc.co.uk/hi/spanish/news/.

xcvCouncil Ban on Atheist Websites. (2008, 29 de julio). *Harvard University, Pluralism Project.*: Cambridge, MA. Información consultada el 15 de diciembre de 2008, de http://www.pluralism.org/news/.

xcviLuís Alberto Machado. (1979). **El derecho a ser inteligente.** Barcelona, España.: *Editorial Seix Barral,* pág. 34.

xcviiVan Der-Pool, J. (Productor). (2006). **A war on science.** Londres, Reino Unido.: *British Broadcasting Corporation (BBC).* [Documental transmitido por cadena de televisión].

xcviiiSued, G. (2009, agosto). **Religión, educación y Derecho.** Guaynabo, Puerto Rico.: *El Nuevo Día.* [Versión Electrónica].

xcixLéanse las expresiones del escritor puertorriqueño Juan Antonio Ramos, según citadas en: Ángel Darío Carrero. **El censurado tiene la palabra.** (2009, septiembre). Guaynabo, Puerto Rico.: *El Nuevo Día.* [Versión Electrónica].

cVéase más información en: Ayala, F. J. (s.f.). **Evolución y diseño inteligente.** *Revista Deslinde.* Bogotá, Colombia. Información consultada el 30 de septiembre de 2009, de deslinde.org.co/files/Evolución%20y%20Diseño%20Inteligente.pdf.

ᶜⁱCristina Cabrejas. **Gobierno de Italia readmite a Darwin.** (2004, 28 de abril). *British Broadcasting Corporation (BBC).* Londres, Reino Unido. Recuperado el 30 de diciembre de 2008, de http://news.bbc.co.uk/hi/spanish/news/.

ᶜⁱⁱHouse of Represnentatives. (2009, 2 de marzo). **Resolution 1014: A Resolution expressing disapproval of the actions of the University of Oklahoma to indoctrinate students in the theory of evolution; opposing the invitation to Richard Dawkins to speak on campus; and directing distribution.** *State of Oklahoma.* Información consultada el 12 de marzo de 2009, de http://webserver1.lsb.state.ok.us/2009-10HB/HR1014_int.rtf.

ᶜⁱⁱⁱUnión de Ateos y Librepensadores. (2008). **Manifiesto de la UAL.** *Barcelona, España.* Recuperado el 31 de diciembre de 2008, de http://ateos.org/?page_id=20.

ᶜⁱᵛ**Yahoo censura el ateísmo en sus grupos de correo.** (2007). *Círculo Escéptico.* Información consultada el 18 de agosto de 2009, de http://www.circuloesceptico.org/actividades.php?art=yahoo-censura-el-ateismo-en-sus-grupos-de-correo.

ᶜᵛ**El alcalde de Toledo censura un encuentro de ateos.** (2007). Madrid, España.: *Público.* Información consultada el 30 de diciembre de 2008, de http://www.publico.es/.

ᶜᵛⁱHouse of Represnentatives. (2009, 3 de marzo). **Resolution 1015: A Resolution opposing the invitation to Richard Dawkins to speak on campus: encouraging the University of Oklahoma to engage in a certain discussion of certain scientific theories; and directing distribution.** *State of Oklahoma.* Información consultada el 11 de marzo de 2009, de http://webserver1.lsb.state.ok.us/2009-10HB/HR1015_int.rtf.

ᶜᵛⁱⁱMartin, D. (2009, enero). **España sin Dios.** *Las Extra Noticias.* Información consultada el 20 de enero de 2009, de http://www.lasextanoticias.com/noticia/espana/dios/386781.

ᶜᵛⁱⁱⁱFerney Yesyd Rodríguez. **En Estados Unidos los ateos son la minoría más odiada.** (2009). *Sin dioses.* Consultado el 29 de diciembre de 2009, de http://blog-sin-dioses.blogspot.com/.

ᶜⁱˣSalman Rushdie. (2005) **¡Devuélvanme mi viejo ateísmo!** *La Nación.* Buenos Aires, Argentina. Consultado el 31 de diciembre de 2006, de http://www.lanacion.com.ar/.

ᶜˣ**Dawkins, dispuesto al desafío de popularizar la evolución en el mundo árabe.** (2009, agosto). Madrid, España.: *EcoDiario.* Información consultada el 28 de septiembre de 2009, de http://ecodiario.eleconomista.es/.

ᶜˣⁱPara ver más información sobre este caso véase: **Turkish Publisher of "God Delusion" Acquitted.** (2008). *Bianet.* Información consultada el 30 de diciembre de 2008, de http://bianet.org/english/; Eric Michael Johnson. (2009). **Richard Dawkins Wants to Convert Islamic World to Evolution.** New York, NY.: *ScienceBlogs.* Información consultada el 30 de septiembre de 2009, de http://scienceblogs.com/primatediaries/2009/08/richard_dawkins_wants_to_conve.php; **Istanbul Prosecutor: 'Drop Case of God Delusion Book.** (2009).*Bianet.* Información consultada el 30 de septiembre de 2009, de http://bianet.org/english/freedom-of-expression/115379-istanbul-prosecutor-drop-case-of-god-delusion-book.

ᶜˣⁱⁱ**Profesor asesinado en protestas contra libro.** (2008). Madrid, España.: *Escepticismo.* Información consultada el 31 de diciembre de 2008, de http://www.escepticismo.es/religiones/Noticias-religiones/.

ᶜˣⁱⁱⁱHouse of Represnentatives. (2009, 2 de marzo). **Resolution 1014: A Resolution expressing disapproval of the actions of the University of Oklahoma to indoctrinate students in the theory of evolution; opposing the invitation to Richard Dawkins to speak on campus; and directing distribution.** *State of Oklahoma.* Información consultada el 12 de marzo de 2009, de http://webserver1.lsb.state.ok.us/2009-10HB/HR1014_int.rtf.

cxivComisión Interamericana de Derechos Humanos. (2000). **Declaración de Principios sobre Libertad de Expresión.** Washington, D.C. Información consultada el 1 de septiembre de 2009, de http://www.cidh.oas.org/Basicos/Basicos13.htm.

cxv**"Me han censurado en México".** (2009, abril). *British Broadcasting Corporation (BBC).* Londres, Reino Unido. Recuperado el 30 de septiembre de 2009, de http://news.bbc.co.uk/hi/spanish/news/.

cxviCohen, P. (2009, agosto). **Yale Press Bans Images of Muhammad in New Book.** New York, NY.: *The New York Times.* Recuperado el 29 de septiembre de 2009, de http://www.nytimes.com/;**"Me han censurado en México".** (2009, abril). *British Broadcasting Corporation (BBC).* Londres, Reino Unido. Recuperado el 3 de junio de 2009, de http://news.bbc.co.uk/hi/spanish/news/; **Dos escritores contra la barbarie.** (2008,). *El País.* Madrid, España. Consultado el 29 de diciembre de 2008, de http://www.elpais.com/.

cxvii**Marruecos prohíbe la difusión del semanario francés L'Express por atentar contra el Islam.** (2008, 3 de noviembre). *El País.* Madrid, España. Consultado el 29 de diciembre de 2008, de http://www.elpais.com/; **Suspenden la distribución de revista francesa L' Express por perjudicar Islam.** (2008). *Terra, Noticias.* Madrid, España. Recuperado el 3 de abril de 2009, de http://www.terra.com/noticias/.

cxviii**Suspenden la distribución de revista francesa L' Express por perjudicar Islam.** (2008). *Terra, Noticias.* Madrid, España. Recuperado el 3 de abril de 2009, de http://www.terra.com/noticias/.

cxixVéanse las expresiones de Salman Rushdie, según citadas en: **Dos escritores contra la barbarie.** (2008). *El País.* Madrid, España. Consultado el 29 de diciembre de 2008, de http://www.elpais.com/.

cxx**Retiran obra de crucifijo cubierto con un condón.** (2009, marzo). *El Nuevo Día.* Guaynabo, Puerto Rico. Recuperado el 31 de diciembre de 2009, de http://www.elnuevodia.com/.

cxxi**Censura previa.** (2009). *Derecho en la guía 2000.* Información consultada el 30 de junio de 2009, de http://derecho.laguia2000.com/parte-general/censura-previa; léase, además: **Imágenes de Mahoma en un libro de texto español crean polémica en Marruecos.** (2009, febrero). *Diario ADN.* Madrid, España. Información consultada el 30 de junio de 2009, de http://www.adn.es/.

cxxiiComisión Interamericana de Derechos Humanos. (2000). **Declaración de Principios sobre Libertad de Expresión.** Washington, D.C. Información consultada el 1 de septiembre de 2009, de http://www.cidh.oas.org/Basicos/Basicos13.htm.

cxxiii**Irlanda pondrá multas de hasta 25.000 euros a quien blasfeme.** (2009). Madrid, España.: *El Periódico.* Información consultada el 30 de septiembre de 2009, de http://www.elperiodico.com/.

cxxivMadridejos, M. (2008). **Tolerancia, libertad e Islam en Europa.** Madrid, España.: *El Periódico.* Información consultada el 30 de diciembre de 2009, de http://www.elperiodico.com/.

cxxvEugenio Hopgood Dávila. **Contra el fundamentalismo el desfile arco iris: la actividad se realizará el domingo próximo del Condado a Puerta de Tierra.** (2008, 26 de mayo). *El Nuevo Día.* Guaynabo, Puerto Rico. [Versión Electrónica].

cxxviPara ver más información sobre esto, véase: **Fundamentalismo.** (2005). España, Unión Europea.: *IES Murgi.* Información consultada el 18 de agosto de 2009, de http://www.iesmurgi.org/filosofia/etica/Fundamentalismo%20Conceptos.htm.

cxxvii**Libertad.** (2004). El Gran Libro de las Citas y Frases Celebres. Distrito Federal, México.: *Grupo Editorial Diana*, pág.166.

cxxviiiVéanse las expresiones de Salman Rushdie, según citadas en: **Dos escritores contra la barbarie.** (2008). *El País.* Madrid, España. Consultado el 29 de diciembre de 2008, de http://www.elpais.com/.

[cxxix]El hombre no será libre hasta que no abandone las verdades reveladas. (2008). *El Diario de León*.: Trobajo del Camino, León, España. Consultado el 11 de abril de 2009, de http://www.diariodeleon.es/.

[cxxx]Véanse las expresiones del escritor sirio Ali Ahmad Said Asbar, Adonis, según citadas en: **El hombre no será libre hasta que no abandone las verdades reveladas.** (2008). *El Diario de León.*: Trobajo del Camino, León, España. Consultado el 11 de abril de 2009, de http://www.diariodeleon.es/.

[cxxxi]**Diógenes.** (2009). *Frase Celebre.* Recuperado el 18 de agosto de 2009, de http://www.frasecelebre.net/.

[cxxxii]**El hombre no será libre hasta que no abandone las verdades reveladas.** (2008). *El Diario de León.*: Trobajo del Camino, León, España. Consultado el 11 de abril de 2009, de http://www.diariodeleon.es/.

[cxxxiii]Huaralí Reyes. **Ensalza la labor de Rama Judicial.** (2006, 27 de septiembre). Guaynabo, Puerto Rico. *El Nuevo Día*. Recuperado el 27 de septiembre de 2006, de http://www.endi.com/.

[cxxxiv]Para ver más información sobre este caso, léase: **Deben pagar a la Comunidad Homosexual por dañar obras del artista León Ferrari.** (2008). *El Patagónico*. Patagonia, Argentina. Información consultada el 30 de agosto de 2008, de http://www.elpatagonico.net/index.php?item=nota&idn=31375&ref=hoy.

[cxxxv]Para ver más información sobre esto, véase: **Fundamentalismo.** (2005). España, Unión Europea.: *IES Murgi*. Información consultada el 18 de agosto de 2009, de http://www.iesmurgi.org/filosofia/etica/Fundamentalismo%20Conceptos.htm.

[cxxxvi]**La Asamblea General de la ONU condena "la difamación de las religiones".** (2008). *Soitu*. Madrid, España. Información consultada el 31 de diciembre de 2008, de http://www.soitu.es/.

[cxxxvii](Subrayado nuestro). Véanse las expresiones del Lcdo. Floyd Abrams, abogado especialista en asuntos legales relacionados con la libertad de expresión, según se citan en: **La Asamblea General de la ONU condena "la difamación de las religiones".** (2008). *Soitu*. Madrid, España. Información consultada el 31 de diciembre de 2008, de http://www.soitu.es/.

[cxxxviii]Juan Carlos Rodríguez. **A más crisis, más penitentes: Dios como recurso ante la crisis.** (2009, 13 de abril). España, Unión Europea.: *Ecodiario*. Información consultada el 13 de abril de 2009, de http://ecodiario.eleconomista.es/.

Otros libros del autor

«*La libertad de expresión es decir lo que la gente no quiere oír.*»

George Orwell

«No estoy de acuerdo con lo que dices, pero defenderé con mi vida tu derecho a expresarlo».

Voltaire

«Detesto lo que escribes, pero daría mi vida para que puedieras seguir escribiendolo».

Voltaire

«Proclamo en voz alta la libertad de pensamiento y muera el que no piense como yo».

Voltaire

«Desconfío de la incomunicabilidad; es la fuente de toda violencia».

Jean Paul Sartre